생태학으로 세상 읽기

펴낸날 | 2021년 2월 15일
지은이 | 노태호

펴낸이 | 조영권
만든이 | 노인향, 백문기
꾸민이 | ALL contents group

펴낸곳 | 자연과생태
주소 | 서울 마포구 신수로 25-32, 101(구수동)
전화 | 02) 701-7345~6   팩스 | 02) 701-7347
홈페이지 | www.econature.co.kr
등록 | 제2007-000217호

ISBN | 979-11-6450-031-4   03300

생태학으로
세상 읽기

노태호 지음

자연과생태

인간을 포함해 살아 숨 쉬는 것들의 삶과 그 영역을 탐구
하지만 사회적으로 그다지 큰 주목을 받지도, 인기가 있지
도 않은 생태학. 생태라는 한자어를 우리말로 풀면 '삶꼴'
이니 생태학이란 살아가는 모습, 살아 있는 것의 형태, 생
명체와 그와 연관된 것들의 모양과 가치 등을 연구하는 지
극히 중요한 학문이다. 그럼에도 법학, 의학, 경제학, 정보
과학이 지배하는 세상에선 관심 밖이다.

　생태학자 입장에서 사람이 태어나 중년에 이르기까지
모습을 짧게 풀어 보겠다. 그 내용 중 생태학적 수사는 따
옴표 안에 처리한다.

**우리는 '출생'해 걷기 시작하면서부터 '경쟁'이라는 보이는 않는 틀
에 놓이고, 학교를 다니며 '계급 구조'를 익히고 사회화 초기 과정에
서 '또래 집단' 내 자신의 '지위(위치)'를 알게 된다. 학교라는 '울타리'**

를 벗어나면 이제는 '정글'이다. 사회관계는 먹고 먹히는 '포식-피식'의 관계가 '우세'하고, 삐끗하면 '도태'된다. 험한 사회생활에 좀 익숙해지면 자신만의 '공간'을 찾고, 이후 '배우자'를 만나 짝을 이루고 '보육'을 하며 비로소 '환경'에 민감해진다. 'F1'의 등장으로 자연환경, 사회 환경, 교육 환경 등 다양한 문제에 적극적으로 임하는 '본능'이 작동하고 '적응력'을 보이게 된다. 아이가 '성장'함에 따라 자식에게서 '선택'받지 않는 '시간'이 많아지고, 이제 여분의 시간에 자기계발과 '이타주의'적 봉사활동에 관심을 갖게 된다.

대략 이런 스토리 라인을 갖는 게 우리 삶이고 그 과정에 많은 생태학적 수사가 사용되는데도 생태적 관점이나 의미는 주목받지 못한다. 그렇다고 슬퍼할 필요가 있을까. 생태적 관점에서 우리 사회에 일어난 일들을 바라보고 생각하며 해석하는 연습을 함께하면 되지 않겠나.

이 책에 수록한 글은 이런 시각으로 지난 2015년부터 2016년까지 2년간 매주 국민일보에 기고한 〈사이언스 토크〉 칼럼을 다듬고 시의성을 보완해 선별한 81개 단문이다. 지면이 제한된 일간지 칼럼 특성상 함축적이고 기고 당시 사회적 또는 국가적 현상과 관련한 글이 많았던 터라, 내용을 이해하는 데에 도움을 주고자 각 글 말미에 글의 배경이나, 작성 의도, 당시 심경 등을 짧게 부연했다.

이 글을 통해 세상을 생태적으로 어찌 바라보고, 어떠한 세상을 지향해야 하며, 그러려면 우리가 무엇을 좀 더 채워야 할지를 다 함께 생각하는 기회가 되었으면 한다. 우리에게 주변을 둘러싼 모든 것과 공존할 의사가 있는지, 그렇다면 얼마나 실천적이었는지 돌아보는 계기가 되길 바란다. 특히 다가올 세상의 주역인 청소년들이 생태학이라는 창을 열어 세상을 바라보고, 그 시각을 통해 자연과 사회를 읽고 해석하는 능력을 높일 수 있게 된다면 큰 행복이겠다.

주간 칼럼 연재를 허락하시고 꾸준히 조언해 주신 국민일보 임항 전 국장께 감사드린다. 편집에 정성과 인내를 보여 주신 자연과생태 편집진에게도 깊은 감사 말씀을 전한다.

2021년 2월

노태호

자연 읽기

사회 읽기

생태학으로 세상 읽기

자 연　읽 기

잎꾼개미

우리 사전에 교통 정체란 없다

가위개미로도 알려진 잎꾼개미는 지구 최초의 농사꾼으로 불리는 열대 지방 곤충으로 지금까지 47종이 확인되었다. 버섯 정원(농장)을 일구어 먹이를 얻으며, 지구에서 인류 다음으로 크고 고도로 분화된 사회를 이룬다. 잎꾼개미의 주된 지하 둥지는 지름이 최대 30m에 이르며, 주변에 흩어진 둥지까지 포함하는 $600m^2$ 넓이의 중심으로서 약 800만 마리가 생활하는 근거지다.

구성원은 몸 크기에 따라 20여 개로 분화된 역할을 수행하며 조직 체계를 유지한다. 일개미 몸 크기는 2~15mm

로 다양하다. 머리 지름이 1*mm*에 못 미치는 초소형 일개미는 애벌레를 돌보며 버섯 정원을 가꾸고, 이보다 조금 큰 소형 일개미는 버섯 정원을 지키는 관리자 임무를 수행한다. 주로 잎을 잘라 머리에 이고 정원으로 나르는 일은 중형 일개미 몫이다. 대형 일개미는 둥지에 남아 침입자에게서 무리를 지킨다.

분화된 역할도 신기하지만 또 다른 진면목은 잎꾼개미가 지닌 힘과 지구력이다. 자기 몸무게 50배에 이르는 잎을 강력한 턱으로 자르는 데에 쓰는 에너지는 사람이 약 2.5t짜리 물체를 드는 힘과 비슷하다. 잎을 구하러 다니는 행동반경은 100~200m에 이르며, 대부분 개미고속도로라 불리는 잘 정비된 전용 도로를 이용한다. 사람으로 치면 약 35*km*에 달하는 길을 수차례 오가며 하루에 잎 34*kg* 정도를 지하 정원으로 나르는 셈이다.

최근 자율 자동차 상용화가 가시권에 들면서 과학자들은 잎꾼개미 고속도로에 정체 현상이 나타나지 않는 원리를 파악하고 있다. 도로를 오가는 개미가 많아지면 이동 속도가 빨라지고 분리된 차선 없이 단일 도로를 활용하는데도 충돌이 일어나지 않는 점에 주목한다. 잎을 둥지로 나를 때는 주로 왼쪽을 이용하며, 교통량에 따라 행렬 폭이 빠르게 조절된다는 사실도 흥미롭다. 잎꾼개미 사회에서 오래전 확립되고 고도화된 교통 원리인 '실시간 가변 차선제'의 진가가 이제 곧 우리 사회에 전달될 모양이다.

우리나라 야생에서는 볼 수 없는 잎꾼개미는 생태학자들은 물론 일반의 관심도 끄는 신비한 생명체다. 국립생태원은 지난 2015년 잎꾼개미 아타 세팔로테스(*Atta cephalotes*) 군체를 남미의 작은 나라 트리니다드 토바고에서 수입했다. 미래 사회가 지속 가능한 청색경제 사회로 전환하는 데에 중요한 이슈로 떠오르는 생태모방(청색기술)의 일면을 외지에서 온 잎꾼개미가 다가오는 세대에게 보여 주길 기대한다.

꿀 벌

집단 지성을 배우다

자연계에는 사자나 사슴처럼 수컷끼리 대결하는 원초적이고 마초적인 방식으로 리더를 뽑는 무리도 있지만, 인간 방식보다 더 합리적이고 참여율 높은 다수결 원칙으로 의사를 결정하고 리더를 뽑는 고도로 분화한 무리도 있다. 미국 코넬대 연구팀이 규명한 꿀벌의 사회적 행동이 이 사실을 뒷받침한다.

초여름, 꿀벌 밀도가 높아져 벌집이 좁아지면 여왕벌은 일벌 절반을 이끌고 밖으로 나와 근처 나뭇가지에서 며칠간 머무른다. 그동안 일부 일벌이 주변을 탐색하고 여러 집터 후보지를 무리에 제안한다. 이들이 '8자 춤(waggle dance)'으로 각기 다른 후보지의 방향과 거리 정보를 알리면 나머지 일벌은 후보지를 일일이 방문한다. 그런 뒤 일벌들은 각자가 좋다고 판단한 후보지를 '8자 춤'으로 나타내며, 같은 춤을 추는 일벌 숫자가 각 후보지의 득표수가된다. 끝으로 다수가 원하는 곳에 여왕벌은 새로운 집을 짓는다.

한편 기존 벌집을 지배할 새 여왕벌은 자매간 대결로 선택된다. 흥미로운 것은 일벌이 없는 밀실에서 이루어지는 대결에서는 항상 몸집이 큰 개체가 승리하지만, 일벌이 함께 있는 상태에서는 의외의 결과가 나온다. 대결 과정에서 더 많은 일벌이 지지하는 개체가 몸 크기와 무관하게 리더 자리에 오른다.

꿀벌은 공개 경쟁 및 구성원 모두가 참여하는 방법으로 의사를 결정하고 리더를 선택하면서 지난 1억 년 동안 종족을 이어 왔다. 리더를 선발하고 권한을 위임하기 위해 치르는 우리 사회의 민주 선거는 그 중요성에도 불구하고 낮은 투표율에 따른 문제점을 지속적으로 드러내 왔다. 우리가 극복해야 할 낮은 투표율에 따른 승자 독식 폐해를 풀 해법도 꿀벌의 이 같은 높은 선거 참여에서 찾을 수 있으리라.

거의 모든 민주주의 국가에서 국가 최고 권력자를 뽑는 선거이든 국회의원을 뽑는 선거이든, 낮은 투표율에 따른 승자 독식의 위험성을 논한다. 이 같은 불합리성이 있는데도 '민주주의는 다수결 원칙을 따른다'는 명제는 인류뿐만 아니라 일부 사회적 동물 집단에서도 니티난다. 우리가 중요 의사를 결정하고 리더를 선택하는 방법이 과연 다른 사회적 동물의 방법보다 더 합리적인 것인지 생각해 볼 일이다.

타조

현실도피주의자는 우리일지도 모른다

현존하는 새 중에 날지 못하는 대표 분류군은 닭, 펭귄, 타조 세 무리다. 닭은 가축화되어 먹고사는 데에 문제가 없고, 펭귄은 먹이가 풍부한 바다 속에서 생존에 필요한 에너지를 획득한다. 이들과 달리 타조는 아프리카 야생에서 수분을 머금은 식물이나 뿌리, 과일 등을 먹으며 살아가지만 천적의 위협이 늘 함께한다. 몸무게가 63~145kg에 이르는 타조는 지구에 현존하는 가장 큰 새이지만 덩치 값을 못하는 겁쟁이의 대명사로 자주 인용된다. 맹수에게서 공격을 받아 겁을 먹거나 위협을 느끼면 머리를 모래에 박고는 안전하다고 여기는 모습 때문이라는데, 사실일까?

거짓이다. 야생 타조는 청력과 시력이 뛰어나 가까이 접근하기 어렵다. 그래서 우리는 야생 타조를 멀리서밖에 볼 수 없다. 덩치에 비해 매우 작은 머리로 땅에 있는 먹잇감을 쪼아 먹기에 멀리서 보면 마치 머리를 박고 있는 듯이 보일 뿐이다. 또한 타조는 모든 새 가운데 가장 큰 알을 낳는다. 땅을 파헤쳐 만든 구멍 속에 하나가 달걀 12개 무게에 이르는 알을 4~8개 낳고 암수가 교대로 품는다. 하루에 몇 차례 부리로 알들을 뒤집는데 이 모습이 또 머리를 땅속에 처박은 것처럼 보인다. 착시와 실제가 뒤섞인 모습에서 잘못된 정보가 나온다.

2.5m에 이르는 키, 시속 70*km*인 최고 속도, 1시간에 50 *km*를 달리는 지구력, 3~5m의 달리기 보폭 같은 타조의 엄청난 능력은 출중한 두 다리 때문에 가능하다. 타조는 지쳐서 달릴 수 없거나 알이 있는 둥지를 지켜야 할 때 다리로 적을 찬다. 위력적인 발차기는 사람이나 사자 같은 맹수에게도 치명적이다. 이처럼 신체 조건도 뛰어나고 청력도 예민한 타조가 겁쟁이의 대명사가 된 이유는 타조를 가리키는 영어 Ostrich의 뜻에 있다.

사전에 실린 Ostrich의 두 번째 뜻은 "문제를 외면하려 드는 사람, 현실도피주의자"이다. 경영학에서 경고 자체를 무시함으로써 위기 없이 이익을 남길 수 있다고 생각하는 현상을 '타조 효과'라고 한다. 그러니까 겁쟁이라는 인식은 타조의 행동이 아닌 이 어원에서 기원한 셈이다. 진실인 듯 알고 있는 거짓이나 오해가 많은 세상. 바로잡아야할 오류와 찾아야 할 진실이 많은 우리 사회가 타조 효과에 빠져 진정한 해법을 못 찾고 있는 것은 아닐까?

타조 효과는 분명히 있는 위험한 재정 상태를 없는 것처럼 여기는 현상을 일컫는 경제 용어이다. 부정적인 상황을 무시하거나 인정하지 않고 묻어 버리는 경향을 가리킬 때 쓴다. 모든 사회에서는 부정적인 현상과 이를 인정하고 싶지 않다는 현실적 문제가 함께 나타난다. 그러나 직면한 문제를 받아들이고 불편한 진실을 찾아내 투명하게 공개할 때 이를 개선하는 동력이 생기고, 세상은 이런 동력으로 발전해 나간다. 아픈 만큼 성장한다는 말은 사회에도 그대로 적용된다.

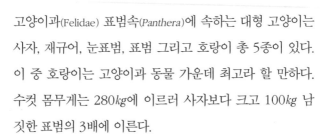

호 랑 이

인간에게 다른 동물과 공존할 생각이 있는지 묻다 1

고양이과(Felidae) 표범속(Panthera)에 속하는 대형 고양이는 사자, 재규어, 눈표범, 표범 그리고 호랑이 총 5종이 있다. 이 중 호랑이는 고양이과 동물 가운데 최고라 할 만하다. 수컷 몸무게는 280㎏에 이르러 사자보다 크고 100㎏ 남 짓한 표범의 3배에 이른다.

인간과 호랑이는 수천 년 동안 서로를 두려워하며 대치 해 왔지만 우리 민족은 산악숭배 사상을 바탕으로 호랑이 를 산신 또는 산군으로 경외하기도 했다. 몇 해 전 개봉했 던, 조선 말기 사회 단상과 일제 침탈의 단면을 호랑이에 투영한 영화 〈대호〉는 이를 잘 보여 준다. 또한 단군 신화에서부터 전래 동화까지 호랑이는 해학적 상징과 보은의 동물로 우리 문화의 일부로 자리 잡았다.

오늘날 전 세계 호랑이는 본래 서식지의 7% 면적에 국한해 살고 있고, 남한에서 호랑이는 1929년 경주 대덕산에서 마지막으로 모습을 나타낸 뒤 종적을 감추었다. 1996년 정부는 공식적으로 호랑이가 멸종했다고 선언했다.

분류학적으로 호랑이는 9개 아종으로 나뉘는데 그중 3개 아종은 멸종했고 6개 아종이 멸종위기종으로 명맥을 유지하고 있다. 호랑이 가운데 가장 큰 종인 한국 호랑이는 몸길이가 수컷 2.7~3.3m, 암컷 2.4~2.7m에 이르러 대호라 불리며, 백두산 일대와 중국 동북부 지역에 50여 마리가 사는 것으로 추정한다.

사자나 호랑이 모두 전 세계에 분포했으나 지금 사자는 아프리카에, 호랑이는 아시아에만 산다. 20세기 들어 본래 서식지가 마치 아프리카와 아시아에 국한되었던 것으로 착각할 만큼 개체 수가 급격히 감소했다.

지금 전 세계에서 멸종 위기에 처한 야생 호랑이는

4,000여 마리로 추정되는 한편 중국과 미국 동물원에 있는 호랑이 수는 1만 마리에 달한다. 매우 비정상적인 상태로 호랑이와 인류가 공존하고 있다. 야생생물학자 조지 샬러의 말처럼 호랑이를 비롯한 대형 고양이과 종은 인류가 다른 동물과 더불어 살아가려는 의지가 있는지를 가늠하는 역할을 한다. 지구에서 가장 멋지고 경외할 만한 생명체라는 사실만으로도 이들과 공존해야 하는 이유가 충분하지 않은가.

우리 사회는 자연 환경의 중요성은 자주 언급하지만 생물다양성 문제에는 관심이 많지 않다. 이는 도시화가 진행되면서 생물다양성이 낮아져도 우리 삶과 직접 연관이 없는 것처럼 느껴지기 때문이다. 그러나 집 주변 하천을 복원하면 사라진 물고기가 돌아오고 새가 찾아들며, 이와 같이 생물다양성이 증가한다는 것은 환경이 인간이 살기에도 더 나은 수준으로 개선된다는 것을 의미한다. 다른 동물과 공존 가능한 환경을 만드는 것이 우리 삶의 질을 높이는 것과 같다.

멧 돼 지

인간에게 다른 동물과
공존할 생각이 있는지 묻다 2

멧돼지 출현으로 사상자가 발생하며 사회 문제가 되고 있
다. 자연에는 경계가 없다는 사실을 보여 주는 사례이나 반
가울 리 없다. 멧돼지는 왜 인간 사회로 영역을 침범하며 세
력을 확장하려는 것일까? 자연계 생물의 모든 행동은 생존
을 전제로 나타나므로 실마리는 여기서부터 풀어야 한다.

멧돼지는 12~1월이 번식기이기 때문에 겨울철에 가장
민감하고 난폭해진다. 교미한 뒤 약 140일 동안 임신해 5
월경에 7~8마리에서 많게는 12~13마리까지 새끼를 낳
는다. 이후 5개월간 새끼를 보살피고, 10월 이후 가을철에

는 겨울나기와 새로운 출산을 준비하고자 영양을 충분히 섭취해야 한다. 먹잇감을 찾아서 보이지 않는 인간 사회의 경계선을 넘는 이유다.

사람 사는 곳으로 먹잇감을 찾아 나서는 것은 멧돼지 밀도가 높아져 종내 경쟁이 치열해졌다는 뜻이다. 거대 잡식성인 멧돼지의 밀도 변화는 먹이 경쟁을 통한 내적 조절과 상위 포식자에 따른 하향식 조절로 이루어진다. 그러나 우리나라에서는 하향식 조절이 이루어지지 않는다. 일본이 강점기에 행한 '유해 야생동물 구제'라는 야만 행위 때문이다. 멧돼지를 먹이로 삼는 호랑이, 표범, 늑대 같은 주요 포식자가 그 기간에 멸종했거나 멸종에 이르는 수준으로 줄었고, 호랑이는 1920년대, 표범은 1960년대, 늑대는 1970년대에 절멸했다.

홍적세(약 250만 년~1만 2,000년 전)에 동남아 지역 섬에서 기원한 멧돼지는 빙하기에 섬과 대륙이 연결되면서 남중국, 동북아, 한반도 북부를 거쳐 남쪽으로 확산되어 우리 곁으로 왔다. 전 세계에서 7개 무리로 분화했으며, 한반도에 사는 무리는 유전다양성도 높다. 이들의 유전다양성은 자원으로도 가치가 높아, 사육 돼지의 품종 개량이나 구제역 등 질병 저항 형질을 개발하는 데에 유용하다.

　모든 생명은 존재만으로도 가치가 있다. 여러 생물과 공존을 모색하는 일은 인류의 몫이다. 막무가내 포획 대신 하향식 조절 기능을 복원하는 생태적 방법으로 멧돼지 규모를 조절할 수 있도록 해야 한다.

　버림받는 것은 잔혹하고 슬픈 일이다. 우리가 버리는 것들은 더 이상 효용성을 기대할 수 없거나 그 기능이 다한 것들이다. 그런데 요즘 우리 사회에서는 생명력과 감정, 때로는 영혼을 지닌 것들까지 많이 버려진다. 반려동물, 애완동물 증가와 함께 주인에게서 버림받거나 관리 영역을 벗어나는 동물 역시 급증하고 있다. 버려진 동물은 마을의 불안을 야기하는 위해종으로, 지역의 생태 안정성을 저해하는 교란(외래)종으로 자리매김한다. 의사 결정권을 지닌 자리가 어려운 것은 구성원의 조화로운 공존을 위해 책임과 의무를 다해야 하기 때문이다. 반려동물이나 애완동물과 함께하는 이가 늘 지혜로운 의사 결정을 내리고자 고민해야 하는 이유이다.

저어새

우리 땅에서 번성을 꿈꾸는 멸종위기종

천연기념물 205호, 멸종위기 야생동식물 Ⅰ급, 검은 주걱 모양 부리로 물속을 좌우로 휘저어 먹잇감을 찾는 새. 몸 길이는 약 85㎝로 겨울철에는 말끔한 흰색 깃털로 치장하고 여름철에는 가슴에 갈색 띠를 두르며 한껏 멋을 부리는 새. 동아시아 특정 지역에서만 사는 국제적인 희귀종 저어 새다.

월동지의 북방한계선이 제주도인 저어새는 홍콩, 대만, 중국, 일본, 베트남 등에서 겨울을 보내고 3주 내외 여정으로 봄기운이 가득한 4월 초 서해 경기만 일원 습지에 모여든다. 월동지가 각기 다른 저어새가 모두 이곳으로 모이는 이유는 종족 번식 때문이다.

한반도 서해안 남북 접경 지역에 있는 무인도가 저어새의 주된 번식지라는 사실이 밝혀진 것은 1999년이다. 세계적으로 알려진 번식지 20곳 가운데 18곳이 한반도에 있으며 임진강 하구의 유도, 강화도 각시암, 경기만 석도, 연평도의 무인도, 북한 지역의 덕도 등이 속한다.

저어새가 이런 곳을 번식지로 선택한 이유는 안전과 먹거리 때문이다. 대개 무인도이거나 기암절벽이 있어 천적에게서 자신과 새끼를 보호할 수 있고, 행동반경 20㎞ 이

내 다양한 민물 습지에서 먹잇감을 풍족하게 구할 수 있다. 저어새에게 반드시 필요한 곳은 흔히 갯벌이라 생각하기 쉽지만 사실은 논 같은 민물 습지다. 갓 부화한 새끼는 염분 분해 능력이 낮기 때문에 민물 먹잇감이 필수이다.

문화재청은 2000년 약 4억 3,000여m^2(여의도 면적의 53배) 넓이인 강화갯벌을 '저어새 번식지'로 지정했다. 그러나 강화 일원 개발 압력이 높아지면서 논이 사라지고 담수역이 줄고 있어 저어새 보존에 영향을 미칠 것으로 보인다. 경기만 일원 논과 습지를 인류와 멸종위기종 간 공존의 장으로 삼는 포용력이 절실하다.

이집트 파라오를 연상시키는 황금빛 혼인 성표를 지닌 눈매, 사자 갈기처럼 부푸는 노란 댕기 깃, 뱃사공 같은 풍류를 지닌 저어새는 현재 겨우 2,600여 마리밖에 남지 않았다. 한반도의 봄을 그리며 겨울을 나는 저어새의 번성이라는 꿈은 이루어질까?

우리나라에는 국제적으로 이동하는 조류의 중요 월동지와 경유지가

많다. 해양과 대륙을 잇는 반도의 지리적 여건과 더불어 풍부한 먹잇 감을 제공하는 좋은 환경이 있기 때문이다. 멸종 위기에 직면한 세계적 희귀 새뿐만 아니라 보호를 요하는 수많은 관심종의 중요 서식지가 있는 나라는 그리 많지 않다. 많은 철새 도래지로서 세계적 경제력을 지닌 우리가 지구 생물다양성 문제와 환경에 관심을 갖고 선도하는 정책을 추진하는 것 역시 국격을 높이는 일 중 하나다 싶다.

생 물 다 양 성
거대한 하마를 경계하라

우리 삶에서 다양성은 매우 중요하다. 획일성을 강조하는 사회는 질서정연하게 보일지 모르지만 외적 충격이나 변화에 매우 약하다. 그러므로 다양한 사고를 공유하며 더 나은 사회를 만들려는 노력이 중요하다. 지식과 정보의 보고인 인터넷에서 의미 있는 생각과 철학을 재미있고 쉽게 전하는 비영리단체 TED의 강연이 사랑받는 이유도 더 나은 미래를 함께 만들고자 노력하기 때문이리라.

2007년도 TED상을 받은 하버드대 에드워드 윌슨 교수는 기념 강연에서 생물다양성의 중요성을 강조하며 모든 생물의 가치와 이들에게서 얻을 수 있는 방대한 유산의 지식화를 언급했다. 또한 그는 거대한 하마를 떠오르게 하는 'HIPPO'라는 약어로 현대 사회의 생물다양성을 방해하는 요인과 영향도 설명했다.

H는 Habitat destruction으로 서식지 파괴 및 악화를 뜻하며 여기에는 온실가스 및 기후 변화에 따른 영향이 포함된다. I는 Invasive alien species로 외래종 유입과 그로써 토착종이 위협받아 지역의 고유한 생태계가 파괴, 교란되는 것을 의미한다. 이는 교통수단 발달로 지리적 격리 기작이 붕괴되면서 일어나는 일이다. P는 Pollution이다. 대기, 수질, 토양 오염이 생물다양성을 줄이는 원인이라고 언급했다. 그 다음 P는 Population expansion이다. 세계 인구 급증이 다른 생물종 생존을 위협하는 현실을 지적했다. 마지막 O는 Over harvesting이다. 과도한 사냥과 수렵 및 벌채, 적정한 수준을 넘는 수산 자원 남획 그리고 일부 고효율만을 강조하는 농업 방식이 부정적 영향을 초래한다는 설명이다.

생물다양성이라는 용어는 종다양성뿐만 아니라 유전다양성, 생태다양성이라는 의미까지 담고 있다. 우리 삶에 비추어 다양성을 이야기한다면 문화, 사고, 생활 방식으로 설명할 수 있지 않을까 싶다. 열린 공동체를 지향하려면 포용력을 지닌 문화, 균형적 담론을 보장하는 사고, 서로가 지닌 개성을 존중하는 생활 방식의 다양성을 추구하는 동시에 우리 삶의 다양성을 위협하는 거대한 하마도 경계해야 한다.

'생태(生態)'라는 한자어를 우리말로 풀면 '삶꼴'이다. 따라서 생태학이란 삶의 형태를 연구하고 분석하는 학문을 말한다. 자연 현상이나 야생동물의 행동, 습성을 연구하는 것뿐만 아니라 우리 삶과 연관된 인과 관계를 이해하고 보다 나은 생활을 도모하는 방법이나 원리를 찾는 것도 생태학의 한 분야이다. 인간 역시 자연의 일부이기에 생물다양성은 생태학에서 중요한 담론으로 자리한다. 자연은 정복 대상이 아니고 지구 자원은 한정되어 있기에 '알맞은 규모를 지향'해야 생물다양성을 증진하고 어제보다 나은 우리 삶꼴을 보장할 수 있지 않겠나.

바 이 오 스 피 어
우리가 살 수 있는 유일한 곳

생물권이라는 뜻인 바이오스피어(biosphere)는 지구를 일
컫는다. 넓게는 생물이 살아가는 곳이면 어디든 바이오스
피어라 할 수 있다. 천문학적 비용이 드는 우주 탐사에는
지구 말고 다른 바이오스피어가 있는지를 규명하는 일도
포함되어 있다. 시리즈 영화 원작에 숫자 1을 붙이지 않듯
지구를 바이오스피어1이라 부르지는 않지만, 생명체가 있
는 다른 행성이 발견되거나 인류가 다른 별에 정착하면 그
곳은 바이오스피어2로 불릴 것이다.

그런데 이 바이오스피어2가 미국 애리조나주 사막 지역

인 오라클에 있었다. 이 시설물은 뚜렷한 두 가지 목적을 지닌 실험에 쓰고자 만들어졌다. 첫째는 인간이 현재 살고 있는 생물권(지구)을 파괴하지 않고 주어진 환경에서 계속 생존할 수 있는지를 규명하는 것, 둘째는 인간이 지구를 떠나 우주 공간에 새로운 삶터를 만들 때 고려해야 할 사항과 접근 방법을 파악하려는 것이었다.

인공 생태계 장치인 바이오스피어2는 유리를 씌운 거대한 온실 구조로 총 면적은 약 1만 3,000㎡, 부피 13만 5,000㎥로 외부와 완전히 격리된 5개 공간(주거, 농업, 사막, 삼림, 자연)으로 구성되었다. 사람이나 동물의 배설물은 세균으로 정화 처리토록 설계되었으며 벼, 밀, 상추를 비롯한 150여 종 농작물과 돼지, 닭, 염소 등 4,000여 종 생물로 이루어진 생태계였다. 1991년 9월부터 2년을 목표로 과학자 부부 8명이 이 안에서 거주하며 실험을 수행했다. 그러나 실험은 실패했다. 토양 미생물 및 콘크리트 벽의 산소 흡수량을 과소평가한 탓에 산소가 15% 감소, 이산화탄소가 5.7배 증가했고 일부 곤충만 번식하며 생태계가 파괴되었기 때문이다.

그렇지만 이 실험은 인류가 자연을 계속 파괴할 경우 치유할 방법이 전혀 없다는 점과 현 생태계가 우리에게는 최고의 생존 장치라는 두 가지 사실을 일깨워 주었다. 게다가 2년을 가까스로 채운 과학자 8명 사이에 다툼과 파벌이 생기며 정신적 폐해가 컸다는 점도 주목할 필요가 있다. 생태계 상태가 우리 삶의 질과 직결됨을 보여 주는 사례이기 때문이다.

'Biosphere'는 생물을 뜻하는 'Bio'와 구를 의미하는 'Sphere'를 어원으로 하는 합성어로서 생물이 살아가는 동그란 장소를 지칭한다. 이곳의 생명체는 공간적으로 이 구형체에 한정해 생활하고 필요한 양분과 에너지 역시 이 내부에서 공급받는다. 따라서 생물권의 생태 환경은 생명체의 생존과 생활 방식에 직접 영향을 미치고 삶꼴을 결정짓는다. 도시 생태계의 악화는 고독사, 집단 따돌림, 보복 운전, 불특정인에 대한 폭력 등 인간관계를 약화시키고 사회적 불안 요소를 증가시키는 원인으로 작동한다. 도시 생태계 질을 향상시키려면 아름다운 공존을 가능하게 하는 많은 소양 교육과 정서적 지원 같은 따뜻한 정책이 필요하다.

선 택 오 류

과거의 실수가
미래의 걸림돌이 되어서는 안 된다

이른 봄이 되면 부지런한 농부들의 논갈이가 시작된다. 농촌의 일상에서 느껴지는 봄의 기운은 따뜻하고 평화롭다. 그러나 보이는 평온함과는 달리 농경 사회는 힘든 방식을 선택해 발전해 왔다. 농경의 고단함은 약 1만 년 전 경작 식물로 한해살이식물을 선택한 인류의 실수에서 기인했는지 모른다.

인류의 주된 식용 작물인 쌀, 밀, 옥수수는 해마다 씨를 뿌리고 경작한 뒤 추수해야 하는 한해살이식물이다. 야생에는 여러해살이식물이 있는데도 왜 인류는 한해살이 종

류를 작물로 선택했을까? 코넬대 연구에 따르면 신석기인
이 작물을 선택할 때 식물의 빠른 개량 가능성에 중점을
두었기 때문이라 한다. 즉 해마다 더 잘 번성하는 식물 씨
앗을 골라 다시 심는 방식으로 종자를 개량했고, 그런 이
유로 해마다 다시 심을 필요가 없는 여러해살이식물은 선
택 대상이 아니었다는 설명이다.

그러나 불행히도 한해살이식물 재배는 엄청난 비용과
노동력을 필요로 하며 지속적으로 환경에 피해를 입힌다.
한해살이식물은 땅속 30㎝ 정도 얕은 깊이까지만 뿌리를
내리기 때문에 지력을 쉽게 고갈시키고 그 탓에 영양분으
로서 비료 같은 유기 물질을 공급해 줘야 한다. 이 유기 물
질의 절반 정도는 하천으로 유입되어 녹조 현상을 일으키
고, 주기적으로 땅을 갈아엎는 행위는 토양을 침식시키는
주된 원인으로 작용한다.

반면에 여러해살이식물은 땅속 3m까지 조밀하게 뿌리
를 내린다. 한해살이식물 뿌리보다 10배나 되는 긴 뿌리는
깊은 토양에서 물과 영양분을 충분히 흡수하기에 비료 같
은 인위적 영양 공급이 거의 필요 없고 유기물도 잘 씻겨
내려가지 않는다. 따라서 땅을 갈아엎지 않아도 되므로 토

앙 침식도 일어나지 않는다. 이같이 여러해살이식물이 경제적으로 유용한 동시에 환경적으로도 우수하다는 것은 근래 입증되었다.

그런데도 서구에서 새로이 개발된 여러해살이 밀이 시장에서 주류가 되는 데에 어려움을 겪고 있다. 이는 단편적 고려에 무게를 둔 선택 오류가 고착되면 여러 측면에서 유용한 차선의 방식을 새로이 선택하기 어렵다는 것을 보여 준다. 올바른 선택은 1만 년 전이나 지금이나 쉽지 않은 듯하다.

변화를 싫어하거나 안주를 선호하는 것이 인류의 본성인가. 한번 고착화된 습관이나 사고는 잘 수정되지 않는다. 선택 오류로 많은 비용을 지불하는데도 선뜻 새로운 선택을 하지 못한다. 이미 선택한 것이 옳다고 믿으려는 심리가 깔려 있기 때문이다. 안일한 만족의 벽을 깨고 새로운 세상을 보려면 줄탁동시의 지혜가 필요하다. 내부의 부름에 외부가 조응하든, 외부의 변화된 여건에 내부가 반응하든.

대 이 동

영겁을 넘어
사라지지 않으려는 몸부림

날개가 10㎝ 정도로 연약한 제왕나비는 캐나다-미국 국
경과 월동지인 멕시코 간 왕복 6,500㎞에 이르는 대장정
을 2~3세대에 걸쳐 매년 감행한다. 제왕나비가 곤충류
를 대표하는 장거리 주자라면 파충류에는 북대서양을 누
비는 붉은바다거북이 있다. 붉은바다거북은 15년 동안 바
다에서 자라고 어른이 되면 자기장과 냄새에 의존해 자신
이 태어난 해변으로 돌아와 산란하고 이 과정에서 총 1만
5,000㎞를 이동한다.

　바다 속 대이동은 참다랑어와 백상아리에서도 찾아볼

수 있다. 몸길이가 2.5m에 이르는 북태평양 모든 참다랑어는 일본 연해에서 부화하며, 북중미 연안으로 이동해 서식하다 번식지로 돌아오면 왕복 거리는 1만 6,000km에 이른다. 백상아리는 아프리카 남단과 호주 서해안 간 편도 1만 1,100km에 이르는 인도양 구간을 누비며 이동한다.

대이동에서 경이적인 기록은 새 2종에서 찾을 수 있다. 지구에서 가장 먼 거리를 이동하는 종은 북극제비갈매기다. 1년 내내 여름을 쫓아 번식지인 북극과 다른 생활권인 남극을 오가는 평균 왕복 거리가 무려 7만 8,000km에 이른다. 그러나 높이 나는 데에는 인도기러기가 독보적이다. 대부분 이동성 새가 1,000m 이하 비행 고도를 유지하나 인도기러기는 산소가 희박한 해발 고도 9,000m를 넘는 고공비행을 감내한다. 인도 남단과 북몽골 지역을 잇는 인도기러기의 항로는 히말라야산맥을 넘는 편도 4,750km에 이르는 험로다. 그러나 동물의 이동을 규정짓는 결정적 요소는 거리의 장단이나 험난한 정도가 아니라 목적에 있다. 이동의 궁극적인 목적은 고도의 집중력과 불굴의 의지로 성취하는 '혈연의 영속성' 확보다.

설레는 마음으로 고향을 찾는 설과 추석 명절. 귀향의 반복적 어려움 때문에 사람들은 효율적인 이동 수단과 방법을 고민한다. 이렇듯 특정 시기에 일거에 행해지는 대이동은 치밀한 사전 계획과 단호한 결의를 요구한다. 이런 점에서 우리의 명절맞이 이동과 동물의 대이동은 그 성격이 대동소이하다. 명절에 우리가 실천하는 대이동은 여기에 '가족애 되새김'이라는 가치를 더하면 될 듯하다. 푸짐한 한상 가득 전해지는 가족의 사랑으로 마음 따뜻해지면 퍽퍽한 우리 삶을 헤쳐 나갈 힘이 더해지지 않겠나 싶다.

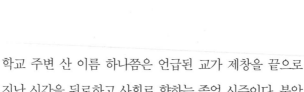

암 석

열정, 인내, 변화의 다른 이름

학교 주변 산 이름 하나쯤은 언급된 교가 제창을 끝으로 지난 시간을 뒤로하고 사회로 향하는 졸업 시즌이다. 북악산, 설악산 등에 들어가는 '악'자는 서로 모양이 다른 한자이나 그 뜻은 긴 뿔 모양, 큰 산으로 같다. 이런 악산은 대개 흙으로 이루어진 토산과 달리 암석이 많이 드러나 경관이 빼어나고 웅장하다.

바위와 돌을 이르는 암석은 광물이나 이와 비슷한 물질이 모여 형성된 결정체를 말한다. 그 돌이 그 돌처럼 보이나 암석도 과학적으로 엄격히 구분하는 기준이 있다.

　암석은 크게 화성암, 퇴적암, 변성암 3가지로 구분하며 그 기준은 생성 과정의 차이점에 있다. 지각의 95% 이상을 차지하는 화성암은 화산 활동으로 분출된 용암이 식어 만들어지거나 지하에서 마그마가 다른 암반 속으로 침투해 만들어진다. 지표면의 75~80%를 덮고 있는 퇴적암은 바람, 빙하, 중력 또는 흐르는 물에 따른 풍화, 침식 작용으로 깨진 암석 조각이 쌓여 만들어진다. 변성암은 지표면의 약 17%를 차지하며 화성암이나 퇴적암이 물리화학적 변화를 겪으며 만들어진다.

　가장 흔한 암석인 화성암이 잘 보이지 않는 것은 다른 두 암석이 이를 덮고 있기 때문이다. 그러나 화성암은 풍부함을 앞세워 맷돌부터 남대문 석축 기단에 이르기까지 우리 생활 깊숙이 들어왔다. 퇴적암이 형성되는 데에 가장 중요한 요건은 장구한 시간인 까닭에 퇴적암은 지구의 오랜 역사를 화석이라는 기록으로 품는다. 퇴적암으로 만들어진 인류 유산으로는 세계에서 가장 크고 아름다운 종교 건축물 앙코르 와트를 들 수 있다. 대기압의 수천 배에 이르는 압력과 섭씨 500~700도 고온이 생성 조건인 변성암은 건축과 조형 등에 쓰이며, 밀로의 비너스상이 대표적이다.

화성암은 용암 분출이라는 뜨거운 열정 없이, 퇴적암은 오랜 기다림이라는 인내 없이, 변성암은 물리화학적 변화라는 융합 요건 없이는 태어나지 못한다. 졸업이란 새로운 자신을 생성해 가는 또 다른 과정의 출발점이다. 기본 소양을 갖추고 첫발을 내딛는 사회 초년생들을 보며 우리 사회가 이들을 새롭게 탄생시켜 줄 요건과 역량을 갖추기를 희망해 본다.

오늘날 척박한 삶의 대명사처럼 여겨지는 아프리카. 그럼에도 풍요로운 삶을 누리는 나라의 사람들에게 많은 것을 일깨워 주는 아프리카 속담이 두 가지 있다. "한 아이를 키우는 데에 온 마을이 필요하다"는 경구와 "어르신을 잃는 것은 도서관 하나를 불태우는 것과 같다"는 격언이다. 이는 삶의 시작과 마지막에 이르는 과정에서 개인과 사회는 불가분의 관계라는 점을 보여 준다. 마을 전체와 도서관은 그 사회의 포용성과 지혜로움 그리고 기회 제공의 형평성을 의미한다고 볼 수 있을 듯하다. 청년들이 새로운 출발점에서 너무 긴 시간을 머뭇거리지 않도록 근본적인 개선과 처방 법을 마련해야 할 시기이다.

위 화 석
교묘하게 새겨진 거짓 기록

화석은 오랜 세월 땅속에 묻혀 있었기에 고시대 환경 상태를 들여다볼 수 있는 단초를 제공하고, 생물 진화의 신비를 풀어 주는 타임캡슐 같은 역할을 한다. 영화 〈쥬라기 공원〉에서처럼 호박 속에 있는 모기 화석에서 공룡 피를 뽑아내 복제할 수는 없지만 화석은 '시대적 사실을 그대로 품고 있다'는 것만으로도 가치가 높다.

화석은 크게 두 가지 방식으로 분류한다. 하나는 화석 형질에 따른 구분으로, 동식물 유해나 신체 형태가 담긴 체화석과 발자국이나 기어 다닌 자국처럼 생활 흔적이 담긴 생흔(흔적)화석으로 나눈다. 다른 하나는 정보 측면에서 시상화석과 표준화석으로 구분하는 방법이다. 시상화석은 지층이 만들어진 시기 환경을 알 수 있는 화석이다. 예컨대 산호화석이 발견된 지층은 과거 수심이 얕고 따뜻한 해양 환경이었다는 사실을 알 수 있다. 표준화석은 공룡처럼 특정 시기에 서식한 생물화석으로 지층 형성 시기를 알 수 있다.

그런데 이처럼 사실을 품은 화석 중에도 거짓 정보를 담은 무리가 스며들어 있으니 소위 '위화석'이라 불리는 퇴적암이다. 위화석은 생물화석처럼 보이지만 무기물의 물리화학 작용으로 만들어진 암석으로 가짜 화석이다. 거북 등딱지처럼 생긴 귀갑석, 잎처럼 생긴 수지석, 꽃잎 같은 국화석 등이 있다.

어느 시대건 진실과 거짓은 동전의 양면처럼 등을 맞대고 공존하나 서로 다른 지향점을 조준한다. 세계에서 교육열이 가장 높은 우리나라는 그만큼 교육과 지식 수준도 뛰어나다. 그런데도 지금 우리 사회에서는 진실이 왜곡되고 거짓된 주장은 넘쳐나며, 비상식적 행동이 반복된다. 역사는 시대상과 진실을 기록하고 이를 미래에 전달하는 사회적 화석이기에 사실 기록은 그 무엇보다 중요하다. 사실을 은폐한 역사가 진실처럼 위장된다면 미래 세대는 사회적 위화석으로 우리를 평가하고 해석할 것 아닌가.

몰랐던 과거 상황이나 잘못 알려진 현상을 검증, 확인할 수 있는 객관적 근거를 제공하는 오래된 유물이나 기록, 화석의 발견은 여러 가지 측면에서 중요성이 높다. 이는 역사가 기록으로 전해지고 기록은 대개 승자 편으로 남겨지는 것이라 단방향적인 측면이 있기 때문이다. 이웃 나라의 역사 왜곡이나 각종 매체를 통한 가짜 뉴스 등이 주는 폐해는 우리 사회에 갈등과 분열을 야기한다는 점에 주목해야 한다. 거짓과 왜곡이 아닌 진실 그리고 보편적 상식이 지배하는 사회로 가야 하는 이유는 의외로 단순하다.

초 미 세 먼 지
은밀한 킬러

PM10. 오후 10시가 아니다. PM(Particulate Matter)10은 지름이 $10\mu m$(1μm=1/1,000mm) 이하인 미세먼지를 말한다. 서울의 미세먼지 농도가 나쁨(81~150$\mu g/m^3$) 이상 수준을 보이거나 $2.5\mu m$ 이하인 초미세먼지(PM2.5)가 기승(51~100$\mu g/m^3$)을 부리는 날이 많다.

위험은 늘 은밀하게 다가오고 그 기운은 대기를 장막처럼 덮는다. PM10과 PM2.5가 건강에 미치는 영향은 황사가 미치는 영향보다 더 심각하다. 그러나 사람 머리카락 굵기(50~70μm)와 비교할 때 PM10은 1/5, PM2.5는 1/20

정도이니 미세먼지가 늘거나 주는 것을 몸으로 느끼기는 어렵다.

PM10은 자동차와 공장 배기가스, 황사에서 발생하지만, PM2.5는 주로 자동차 배기가스에서 나온다. PM2.5가 미세먼지보다 더 위험한 것은 공기와 혈액이 만나는 폐의 가장 깊은 곳인 허파꽈리까지 이르고, 여기에서 혈관으로 침투해 독성을 띠기 때문이다. 이런 이유로 세계보건기구(WHO)는 디젤 연소 때 배출되는 PM2.5 블랙카본을 1급 발암 물질로 지정했다. 2013년 유럽 지역을 대상으로 한 연구에 따르면 PM2.5 농도가 $10\mu g/m^3$ 늘어나니 폐암 발병률이 36%나 늘었다.

PM2.5 발생으로 보면 우리나라는 세계에서 가장 대기 오염이 심한 나라이지만 더 큰 문제는 초미세먼지 오염 기준이 국제 기준에 비해 느슨했다는 점이다. 2018년 3월에 강화된 환경 기준이 개정되기 전까지 우리나라에서 발표한 초미세먼지 농도 '보통'은 세계보건기구가 제시한 하루 권고 기준($25\mu g/m^3$)보다 2배나 높은 수준이었다.

세계보건기구 보고서에 따르면 2012년 기준 대기 오염 사망자는 820만 명에 이르러 환경 오염으로 말미암은 전체 사망자의 65%를 차지한다. 이 가운데 우리나라의 환경 오염 사망자는 3만 2,678명에 이르는 것으로 집계되었다. 국내 연간 교통사고 사망자가 5,000명 내외인 것과 비교할 때 매우 높은 수치다. 은밀한 킬러 PM2.5, 초미세먼지에 대한 경각심을 높여야 한다.

2018년 '대기환경보전법 시행규칙' 개정으로 초미세먼지 예보 등급이 강화되었지만 세계보건기구의 권고 기준에 비하면 우리나라 기준은 여전히 느슨하다. 예보 등급은 4단계(좋음, 보통, 나쁨, 매우나쁨)로 나뉘는데 이 중 '좋음'만이 세계보건기구의 기준과 동일하고 나머지는 덜 엄격하게 설정되어 있다. 국가별 환경 기준은 각 나라의 상황을 고려해 정하는데 우리나라의 미세먼지 환경 기준은 세계보건기구가 2005년에 제시한 미세먼지 잠정 목표 중 2단계를, 초미세먼지는 3단계를 적용하고 있다. 산업 구조 변화와 에너지원 전환으로 국제적인 권고 기준에 이를 수 있도록 국민 모두가 노력해야 한다. 맑은 공기는 삶의 근간이 아닌가.

산 성 비

하늘에서 내려오는
초록색 사신(死神)

물이 생명의 근원이라는 점을 고려할 때 가뭄은 살아 있는 것에게 가장 혹독한 고통이다. 바짝 타들어 가는 날이 이어지면 농작물은 물론 농부의 마음도 타들어 간다. 뒤늦은 장마가 시작되면 겨우 한숨을 돌리지만 마냥 반가워할 수만도 없다. 분명 단비이기는 하나 산성비가 내릴 가능성이 높기 때문이다.

순수한 빗물은 대기 중 이산화탄소 때문에 중성(pH7.0)이 아닌 약산성(pH5.65)을 띠지만, 대기 오염 물질 때문에 산도가 pH5.6 이하일 수 있으며 이를 산성비라 부른다.

산성비는 지구에 비가 내리면서부터 나타났다. 화산은 단기간에 아황산가스 수십 만 톤을 분출하기 때문에 원시 지구에 내린 비도 산성비로 볼 수 있다. 그러나 문헌상 산성비 관련 최초 기록은 1662년 영국 고문서에 수록된 식물 피해 관찰에서 나타난다. 당시에는 이를 산성비 피해로 인식하지 못했으나, 최근 그 기록을 면밀히 분석한 결과 당시 식물 피해가 pH5.3인 산성비에 따른 것으로 밝혀졌다. 그로부터 200여 년이 지난 1872년에 이르러 영국 화학자 로버트 스미스가 산성비라는 용어를 처음 썼으나 이후로도 오랫동안 사람들은 산성비에 관심을 갖지 않았다.

1970년대에 이르러 북반구 선진 공업국에서 산성비 피해 사례가 보고되면서부터 관심이 높아지기 시작했다. 체코슬로바키아와 독일 국경에 걸친 에르츠 산지는 동유럽의 알프스라 불릴 만큼 아름다운 경관을 과시했으나, 지금은 산성비 때문에 메마른 산림이 수십 킬로미터나 이어지는 볼품없는 산이 되고 말았다. 독일은 전체 국토의 1/3을 차지하는 산림 가운데 산성비 피해 면적이 55%나 되고, 네덜란드는 전체 산림 면적 가운데 40%, 스위스는 33%, 프랑스는 20%가 산성비 피해를 입은 적이 있다.

유럽에서는 '초록흑사병'으로, 중국에서는 '공중사신'으로 불리는 산성비 피해가 세계 각지로 확장되는 모양새다. 우리나라도 인구 밀집도가 높은 주요 대도시 지역과 울산, 창원, 구미 같은 공업 도시를 중심으로 산성비 피해가 염려되고, 중국의 공업화에 따른 산성비 영향 우려도 커지고 있다. 사후 대처가 아닌 예방을 위한 경제 사회 구조로 신속히 전환해야 하는 이유가 여기에 있다.

산업화가 이룬 풍요로움의 이면에는 환경 오염 문제가 늘 함께한다. 우리보다 앞서 근현대적 산업화를 이룬 선진국에서 나타난 환경 문제가 우리에게 나타나는 것은 예측된 일이다. 또한 산업 규모 증가와 함께 양적으로 팽창한 오염원이 국가 간 경계를 넘어 국제적인 문제로 부상하는 것 역시 예견된 것이다. 인간의 예지력 범위를 넘어서는 것은 불가항력이나 예측 가능한 재해를 대비하는 것은 국가의 의무이다. 환경 문제는 사후 관리가 아닌 예방 측면에서 선제적 대응이 중요한 영역이다. 한 문제가 풀리면 또 다른 과제에 대비해야 하는 것이 산업화된 도시 생태계에서 우리가 취해야 할 생존 전략인 듯하다.

장
마

한여름 두 공기의 힘겨루기

최근 들어 국지성 호우가 늘어나면서 기상청은 장마 시작 및 종료 시점과 강수량을 예보하지 않는다. 전선이 사라진 뒤에도 집중 호우가 많이 발생해 장마 기간이 의미가 없어졌기 때문이다. 그래도 예부터 오뉴월 장마라 했으니 음력 유월까지는 장마 전선 영향권에 있다고 생각하면 될 듯하다.

장마는 우리나라 기후 특징으로 북측 대륙성 고기압이 약화되어 물러난 시기에 한반도를 둘러싼 해양성 고기압 2개가 서진하며 세력을 다투는 과정에서 발생하는 호우를 말한다. 부쟁을 벌이는 해양성 기단 2개는 오호츠크해 고기압과 북태평양 고기압이다. 두 고기압이 형성되는 지역의 해수 온도는 각 지역 환경 여건에 따라 큰 차이를 보인다. 시베리아 대륙의 눈이 녹아 찬물이 유입된 오호츠크해에서는 한랭습윤한 고기압이, 수온이 높은 북태평양에서는 아열대성 고온다습한 고기압이 만들어진다.

온도 차가 뚜렷한 두 기단이 만나니 말 그대로 '온도 차'가 뚜렷한 전선이 형성되고, 불안정하고 정체성이 강한 대기 여건으로 여름철 집중호우, 장마가 시작된다. 이렇게 발생한 전선은 남북으로 서로 밀고 당기기를 한 달간 반복하는데 이를 남북진동이라 한다. 장마 초기에는 오호츠크 해 고기압이 세력을 확장하는 경우가 많아 보슬비가 내리고, 중후반에는 북태평양 고기압이 우세해지며 장대비가 이어져 농촌과 도시를 가리지 않고 피해를 많이 입는다.

그러나 우리에게는 600여 년 전 세계 최초 기상 관측 장비인 측우기를 발명하고 홍수 피해를 예방하고자 청계천에 수표를 설치한 지혜가 있다. 측우기로 강우량을 파악해 농사 시기를 예측하고 비 피해를 예방하는 등 서양보다 200년 앞선 기상 기술을 확보했다. 또한 재해 예방과 예보 기능을 하는 수표 덕분에 설치 다음 해 큰 물난리가 났어도 인명 피해가 없었다는 옛 기록은 지금도 의미하는 바가 크다. 기후 변화에 따른 불규칙성이 늘어났으나 두 기단의 힘겨루기에 따른 피해를 줄이는 진보된 기술과 지혜를 모았으면 한다.

최근 들어 장마 기간 집중 호우는 때와 장소를 구분하지 않고 많은 피해를 주는 경향을 보인다. 여름 장마철이 되면 수해를 극복하고 예방

하고자 했던 조상들의 지혜가 참으로 놀랍다는 생각이 늘 떠오르지만 한편으로 재난재해에 무감각해진 요즘 세태가 극명하게 대비되어 서글픈 마음이 든다. 혹시 우리 지혜도 남북진동하는 것은 아닌가 싶다.

가 뭄

물그릇만 늘릴 일이 아니다

만수 면적 10.88km^2, 유효 저수용량 4,600만 m^3에 이르는 아시아의 대표 농업용 저수지인 충남 예당저수지가 바닥을 드러냈고, 계룡산 갑사 입구에 있는 중장저수지도 1964년 준공 이래 처음으로 바닥을 보였다. 강원도 저수지도 평균 저수율보다 20% 낮은 수치를 보였고, 경북에서는 식수를 공급받는 마을이 늘어나는 실정이다.

저수지뿐만 아니라 주요 댐도 '주의' 이상 단계이다. 9월 하순, 전국 다목적댐의 평균 저수율은 39.1%로 평년 저수율 61.8%의 2/3 수준을 밑돌았다. 국내 최대 규모인 소양

강댐 저수율은 약 45%로 역대 3위의 낮은 수위(170m)를 기록했다. 역대 최저 수위를 기록한 댐은 횡성댐(166m), 용담댐(243m), 주암댐(96m), 보령댐(59.56m)으로 20~30%대 저수율을 보였다. 특히 보령댐은 저수율 24%로 1996년 준공 이후 최저를 기록, '심각' 단계로 해당 유역 일부는 내년 초까지 제한 급수를 겪을 것으로 예상된다.

우리나라 연평균 강수량은 1,245㎜로 세계 평균의 1.4배에 해당한다. 수치상으로 보면 강수량이 적다고 할 수 없다. 그러나 높은 인구 밀도로 1인당 수자원 부존량은 세계 평균의 1/8(2,591t) 정도로 가뭄에 취약하다. 이런 여건 속에서 9월 말까지 누적 강수량은 716.9㎜(예년 대비 60%)에 불과, 앞으로 3개월간 내릴 비와 눈으로 평균 강수량을 채울 여력은 거의 없어 보인다.

이제 곧 가뭄에 대비해야 한다는 말의 성찬이 시작될 듯하다. 물이 부족하니 물그릇을 더 만들어야 한다는 주장 역시 재등장할 것이다. 허나 이는 밥이 부족하니 밥그릇을 만들어 해결하자는 주장과 별반 다르지 않다. 앞에서 살펴본 댐들의 낮은 저수율은 큰 가뭄에 드러난 '물그릇' 논리의 한계점을 잘 보여 준다. 물이 부족하면 댐을 짓고 전기가 부족하면 원전을 만들자는 말은 '쓰고도 남을 만큼의 풍족함'을 전제로 한다. 그러나 가뭄 극복의 근본은 효과적 관리와 효율적 사용에 있다. 관로 누수 양을 줄이고 실생활에서 낭비하는 습관만 개선해도 새로운 댐을 더 지을 필요는 없으리라. 이미 우리는 한반도 젖줄인 4대강에 '보'라는 미명으로 너무 많은 댐을 짓지 않았나.

위 내용은 2015년 유례없던 가뭄으로 고통받은 가을에 기고했던 글이다. 2020년 여름에는 전례 없던 호우로 큰 물난리를 겪었다. 이는 기후 변화에 따른 급격한 기상 이변이 한반도에 이미 발생하고 있다는 것을 보여 준 극단적 사례다. 전례 없는 상황에서 가뭄이 발생하건 홍수가 나건 댐을 짓자는 것은 현실을 모르는 후진적 사고방식이다. 홍수를 예방하고자 댐과 같은 횡적 지장물을 짓는 것은 극단적 기후 변화를 대응하는 데에 더 이상 최상의 방법이 아니다. 4대강 보로 유수 기능이 방해를 받고, 댐의 담수량 조절 실패로 이미 2차 피해를 입었다. 가뭄에 대비하는 고효율적 물관리, 통수 기능 확대 및 재해 용수 신설과 도입 등 기후 변화에 대응하는 정책을 고도화해야 한다.

지 진
더 이상 다른 나라 일이 아니다

'불의 고리'로 일컬어지는 환태평양 조산대에서 지진 소식이 이어지고 있다. 4만 *km*에 이르는 환태평양 조산대에서 대규모 지진이 50년마다 반복된다는 '50년 주기설'이 주목받는 이유는 이 지역에서 향후 10년간 강한 지진과 대규모 화산 폭발이 있으리라 예견되었기 때문이다.

50년 주기설은 환태평양 조산대에서 발생한 지진 통계 자료에 근거한다. 자료를 분석한 전문가들은 이곳 지각 활동은 50년 휴식기와 10년 활동기가 반복적으로 나타나며, 1950년대 활발했던 지각 활동이 1960년 칠레 강진 이후 휴지기에 들어갔다는 점에 주목한다. 지진 관측 사상 최대 규모(9.5)였던 칠레 지진 발생 50년 뒤인 2010년에 다시 칠레에서 규모 8.8 대지진이 발생했고, 이를 기점으로 2011년 동일본, 2013년 쓰촨성 대지진이 발생하면서 주기설의 설득력이 높아지고 있다.

지진이 발생할 때마다 우리나라 실정은 어떤지가 늘 화제다. 전문가들은 더 이상 한반도가 안전지대가 아니며 언제든 규모 6.5 이하 지진이 발생할 수 있다고 지적한다. 1978년부터 20년간 한반도에서 발생한 지진은 연 평균 19.2회인 데에 반해 1999년부터 2014년까지는 연 평균 47.7회로 2배 이상 증가한 사실이 이를 뒷받침한다. 특히 지진 발생은 2013년에는 93회(규모 2.0~4.9), 2014년 49회(규모 2.1~5.1), 2015년 44회(규모 2.0~3.9)로 횟수와 규모 면에서 과거에 비해 활발해지는 모양새다. 100건에 미치지 못했던 연간 지진 총 횟수는 2016년이 되면서 급증해 2016년 252회(규모 2.0~5.8), 2017년 223회(규모 2.0~5.4), 2018년 115회(규모 2.0~4.6)를 기록했다.

전문가들은 한반도 지질 구조는 비교적 안정적이어서 규모 6 이상 지진이 기록된 적은 없으나 2017년에서

2021년 사이에 규모 5.5 이하 지진이 발생할 수 있다고 경고한 바 있고, 경주(규모 5.8)와 포항(규모 5.4) 지진으로 우리는 그 가능성을 확인했다.

우리나라는 현재 3층 이상, 면적 $500m^2$를 넘는 건물에 내진(규모 5.5~6.5) 설계를 의무화하고 있으나 과거에는 기준이 이보다 느슨했다. 이런 탓에 내진 설계가 된 건축물은 35% 미만이며, 공공 시설물은 50%, 학교는 20% 정도에 불과하다. 어른들의 안전 불감증으로 아이들의 피해가 유난히도 많은 우리나라. 체계적인 지진 대비책을 마련해야겠지만 우선 아이들이 배우고 꿈을 키우는 학교와 시설부터라도 내진 기능을 높이는 작업을 서둘러야 한다.

현재 우리나라 초중등 교육 시설은 대부분 우리나라가 지진 안전지대라는 교육을 받고 지진에 대한 인식이 부족한 세대가 사회를 이끌던 시기에 만들어졌기에 우려가 크다. 지진 전문가들의 경고성 진단이 증가하고 관련 재해 환경이 변화하는 지금, 최우선적으로 개선책을 마련하고 예방주의에 입각한 대비책을 마련해야 하는 영역은 미래 세대의 안전이다. 원전 시설의 내진성뿐만 아니라 교육 시설의 안전성 확보에 좀 더 빠른 실천이 필요하다.

안 개 와 　구 름
이란성 쌍둥이

옛 속담에 "가을 안개는 쌀안개 봄 안개는 죽안개"라는 말
이 있다. 가을철에 안개가 끼면 날이 따뜻해 벼가 잘 영글
어 풍년을 기약하지만 봄철 안개는 습도가 높아서 보리
에 병해를 입히니 보리 수확이 줄어 죽을 먹게 된다는 뜻
이다.

　안개는 대기에 있는 수증기가 지표면과 접촉하며 가시
거리를 $1km$ 미만으로 만드는 작은 물방울 집합체다. 안
개나 구름은 0.02~$0.05mm$ 크기 수증기로 만들어지고 미
세한 물방울 수십억 개로 이루어진다. 안개는 생성과 구

성 면에서는 구름과 같지만 구름으로 보지는 않으며, 증발과 냉각으로 나타나므로 크게 냉각안개와 증발안개로 나눈다. 냉각안개는 지표면 공기층 온도가 이슬점 이하일 때 수증기가 물방울로 응결되어 나타나고, 증발안개는 물안개처럼 수온이 기온보다 높을 때 나타난다.

시야를 흐리게 하는 기상 현상은 시정을 기준으로 농무, 연무, 박무로 구분한다. 시정이란 수평 방향 사물을 눈으로 알아볼 수 있는 최대 거리를 말한다. 농무는 짙은 안개로 시정이 200m 이내이며, 박무는 시정 1km 이상으로 수많은 미세 물방울이 대기 중에 보이는 현상을 말하고, 연무는 시정 1km 이상이나 습도가 낮을 때 대기에 있는 연기와 먼지 같은 미세한 입자 때문에 공기가 뿌옇게 보이는 현상을 말한다.

박무와 연무는 공기를 뿌옇게 하는 현상이라는 점에서 안개로 착각하기 쉽지만 안개가 아니다. 주로 해상이나 해안역에 많이 발생하는 박무는 안개의 상대 습도(90~100%)보다 습도가 낮고, 안개보다 입자가 작은 회색 미세 물방울의 집합체이다. 연무는 박무보다 더 습도가 낮고 물방울이 아닌 부유 물질 때문에 시정 불량이나 호흡기 질환을 유발하기도 한다. 반면 구름과 안개는 달라 보지만 본질적으로는 같아 땅에서 높은 산에 있는 것을 보면 구름, 산 위에서 보면 안개가 된다.

이렇듯 겉모습은 비슷하나 이질적인 것이 있는가 하면 달리 보이나 동질적인 것이 있다. 사회도 그렇다. 생각이 다르고 행동이 다르더라고 본질적으로 추구하는 목표가 같은 경우가 많다. 다른 듯 서로 같다는 것을 알려면 먼저 상대를 이해하려는 노력이 필요하다.

목적이 같은 일을 실천하는 과정에서 접근적인 차이를 보이거나 대립하는 경우가 많은 것이 세상사이다. 최저 임금 개선, 환경 현안 해결, 남북 분단 극복 등 사회 전반에 걸친 문제 해법을 찾고자 함은 같은데 서로의 의견 차로 진전은 너무 더디다. 억새와 갈대가 유사하나 서로 다른 종임을 깨닫고, 흰머리와 새치가 본질적으로 같은 것임을 터득하려면 일련의 노력이 필요하듯 상대와 타인을 이해하는 것에도 정성을 기울여야 한다.

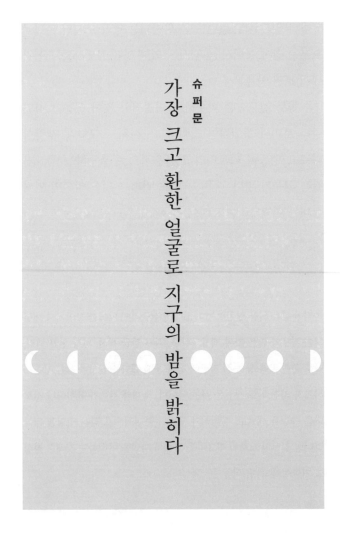

슈퍼 문

가장 크고 환한 얼굴로 지구의 밤을 밝히다

늦여름이나 가을철에는 유난히 크고 밝은 보름달인 슈퍼문(supermoon)을 대할 때가 있다. 지구에서 평균 38만 4,400km 떨어진 곳에서 공전하는 달의 반지름은 지구 반지름(약 6,400km)의 1/4 정도인 약 1,700km이다. 달의 크기나 속성이 변하지는 않을 텐데, 달은 하늘로 올라갈수록 작아지는 것 같고 1년 12번 나타나는 보름달 크기도 조금씩 다르게 느껴진다. 우리의 감각 오류일까 아니면 실제로 크기가 달라지는 것일까?

수평선이나 마을 뒷산에 떠오르는 달이 밤하늘 깊은 곳에 자리 잡은 달보다 커 보이는 것은 달 착시(moon illusion)라는 시각적 오류 때문이다. 달이 해수면이나 능선부에 가까이 위치할 때 주변 선박이나 나무, 건물 같은 물체와 비교되면서 원근감 때문에 더 크게 보이는 착시 현상에서 기인한다. 실제로 동전이나 동그란 물체로 떠오르는 달과 하늘 가운데 떠 있는 달에 대어 보면 크기가 같다는 것을 알 수 있다. 또한 같은 배율로 사진을 찍어 비교해 봐도 알 수 있다.

이와 달리 슈퍼문은 다른 보름달보다 실제로 더 크다. 달의 공전 궤도가 완벽한 원형이 아닌 타원형이기에 달이 지구를 중심으로 공전할 때, 지구에서 가장 멀어지는 시기와 가장 근접하는 시기가 주기적으로 나타난다. 지구에서 가장 근접한 지점(약 36만 km)을 지날 때면 평균 보름달보다 크게 보인다. 슈퍼문은 지구에서 가장 먼 지점(약 40만 km)을 지날 때 가장 작은 보름달(마이크로문, micromoon)보다 12~14%, 평균 보름달보다 약 7% 더 크다. 밝기도 각각 30%, 16% 정도 더 밝다.

인류의 달 착륙과 탐사로 '계수나무 한 그루'와 '토끼 한 마리'는 잃었으나 풍성함과 부드러움의 극치인 한가위 보름달에 대한 감성이 가슴 한구석에 아직 남아 있다면 그 또한 감사할 일이다 싶다. 팍팍한 삶 잠시 잊고 깊어 가는 가을 저녁 부모님과 아이들의 손을 잡고 밤공기를 즐기며 여유로운 달빛 추억을 함께 만들어 보자.

1969년 7월 인류는 달에 착륙하는 신기원을 이루었다. 어느덧 50여 년이란 세월이 흘렀지만 아직도 달의 신비함과 경이로움은 우리 삶에 여전하다. 미지의 세계에 대한 호기심이나 궁금함을 해결하고자 하는

지적 욕구와 자연에서 느끼거나 체험하는 감성적, 심미적 충족은 인류의 삶에서 필수적으로 양립해야 할 영역이다. 인공지능과 로봇 기술의 진화로 생활 전반에 인간미가 줄어들고 있는 시대적 변화에도 정신적으로 빈곤함을 느끼지 않도록 정서적 감성 지수를 함양하려는 노력이 중요하다.

눈
마음속 경계도 지울 수 있다면

눈을 대하는 아이와 어른의 태도는 다르다. 아이는 마냥 즐거워하나 어른은 집에 차 가지고 갈 걱정, 김장 걱정이 앞선다. 눈을 대하는 사람의 태도를 보면 마음의 나이테가 보인다. 어쩌면 눈은 우리 삶에서 '순수'를 구분 짓는 경계인지도 모르겠다.

눈송이는 구름에서 형성되는 2mm 정도 두께인 얼음 결정체들이 엉켜 붙은 것을 말한다. 눈 결정체는 바늘 모양, 기둥 모양, 판 모양, 별 모양, 부채 모양 등 3,000종류가 넘는다. 눈 결정 모양은 수분이 과포화된 정도와 기온에 따

라 결정된다. 우리가 잘 아는 별 모양 결정은 영하 10~20
도 사이에서 만들어지며, 이보다 기온이 높을 때는 바늘
모양, 영하 20도 이하에서는 기둥이나 판 모양이 만들어
진다.

눈 결정체만큼은 아니지만 눈 종류도 다양하다. 육각형
결정체 여러 개가 달라붙은 탐스러운 함박눈(snow flake)은
습기가 많은 눈으로, 기온이 영하 10도 이상일 때 만들어
진다. 기온이 이보다 낮을 때는 싸락눈(snow pellets)이 된
다. 싸락눈은 공이나 깔때기 모양이며 크기는 2~5mm다.

싸락눈처럼 잘 뭉치지 않는 눈으로 가루눈(powder snow)
이 있다. 보통 지름 1mm 미만으로 매우 작은 판 모양이거
나 길쭉한 알갱이 모양이다. 흔히 접하는 진눈깨비(sleet)는
눈이 내리는 도중 녹아 비와 섞인 상태다. 산지에서 볼 수
있는 날린눈(blowing snow)은 지표에 쌓인 눈이 강한 바람
에 날아오른 것을 말한다.

눈은 젊은 마음과 나이든 마음을 구분 짓기도 하지만 우
리 눈에 비치는 모든 사물의 경계를 지워 버리기도 한다.
인도와 차도의 경계면을 지우고 나뭇가지와 잎의 경계를
없앤다. 소담한 눈이 내린 마을에서는 가난한 집 초가지붕

과 부잣집 기와지붕 간 차이를 찾을 수 없다. 눈 덮인 세상처럼 서로를 구분 짓는 마음의 경계가 줄어들면 좋겠다.

세상의 모든 대립은 서로를 구분 짓는 경계 설정으로 시작된다. 그 경계선이 예민하거나 날카로울수록 대립은 갈등으로 악화되고 그 결과 굳어진 반목과 반복적인 대결 구도가 자리 잡는다. 우리가 살아가는 사회에서 이런 부작용이 계속되는 이유는 마음속에 그려 놓은 경계선 때문일 것이다. 구분이 차별로, 차이가 우열로 정리되는 것은 마음속 경계가 도드라지기 때문이다. 마음속 경계를 덮고 이를 희석시킬 수 있는 포용심이 다양한 형태의 눈처럼 차고 넘치면 좋겠다.

물
지구에서 가장 신비롭고 자애로운 물질

지구 표면적은 5억 1,000만 km^2이고 이 가운데 71%는 물로 덮여 있다. 암석과 금속으로 이루어진 지구가 물을 품은 것이 분명한데 마치 물이 지구를 보듬은 듯 보인다. 물의 양이 14억 km^3(각 변의 길이가 $1km$인 정육면체 14억 개의 부피)에 이르기 때문이다. 이 방대한 양 가운데 97.5%는 짠물이고 나머지 2.5%가 민물이다. 우리가 쉽게 접할 수 있는 하천 같은 지표수는 0.3%밖에 안 된다.

 이같이 매우 한정된 자원이지만 민물에는 지구 모든 종의 10%, 척추동물의 35%가 산다. 이 수많은 물속생물은 물이 어는 겨울을 어떻게 견디며 삶을 이어 갈까? 온도에 따라 독특하게 변하는 물의 밀도 특성에 그 답이 있다.

대부분 물질은 고체에서 액체를 거쳐 기체로 변하면 밀도(=질량/부피)가 줄어든다. 즉 질량 대비 부피가 커지면서 가벼워진다. 그런데 물은 온도가 낮아지면서 밀도가 높아지다가 섭씨 4도에서 밀도가 가장 높고 물이 얼기 시작하는 0도에서는 밀도가 8.3% 정도 낮아진다. 이런 이유로 밀도가 낮은 얼음이 물 위에 뜬다. 얼음 부피가 섭씨 4도인 물보다 큰 이유는 얼음 기본 구조가 육각형을 이루면서 가운데 공간이 생기기 때문이다. 위에서부터 아래로 두께를 더해 가는 얼음은 하천이나 호수를 덮는다. 이것이 마치 비닐하우스 같은 역할을 하기에 얼음 아래 물 온도는 0도 이상으로 유지된다. 그래서 물속생물은 겨울을 견딜 수 있다.

물이 만약 다른 물질처럼 고체 상태일 때 밀도가 더 높다면 밑에서부터 얼 것이다. 그러면 밑바닥에 얼음이 채워지면서 물속생물은 수면 쪽으로 몰리게 되고 얼어 죽을 수밖에 없다. 지구 최초 생명체를 낳은 물은 지금도 생명체가 가혹한 겨울을 이겨 낼 수 있도록 신비한 능력을 보여 준다. 물은 지구에서 가장 신비한 물질인 동시에 최고로 자애로운 자연 자산이라 할 만하다. 최고의 선은 물과 같다 한 노자는 유연한 상태인 4도에서 가장 단단한 모습을 보여 주는 물의 신비를 터득했던 것은 아닐까?

한겨울에도 얼음을 이용하면 빙상 경기나 얼음낚시 같은 여러 레포츠를 즐길 수 있다. 물속생물의 보호막 역할을 하는 얼음이 인간에게도 이처럼 즐거운 혜택을 주는 것은 물의 생태서비스가 다양함을 말해 준다. 섭씨 4도에서 물의 밀도가 가장 높은 이유와 구조적 특성이 과학적으로 증명되었는데도 물이 왜 그러한 물성을 지니게 되었는지는 여전히 신비롭다. 지구의 최초 생명을 잉태하고 보듬는 물의 부드러움은 세상 모든 어머니의 자애로움과 같다.

4 대 강 녹 조
흐르지 못하는 강, 독을 품다

햇볕이 따가워지면 낙동강에는 '녹조라떼'가 등장한다. 4
대강 사업 이후 해마다 나타나는 불청객이다. 녹조 제거선
을 투입하기도 하고, 수문을 조금 개방하기도 하지만 근
본 원인을 찾아 해결하지 않으면 해마다 반복될 것이 분명
하다.

하천, 호소 같은 담수 생태계에서는 종 조성이나 생물량
으로 볼 때 식물 플랑크톤인 녹조류, 돌말류, 남조류가 우
세하며, 그 밖에 미세 편모조류도 많이 분포한다. 식물 플
랑크톤은 햇빛을 에너지 삼아 무기물을 유기물로 합성하

는 기초 생산을 담당하므로 다른 물속생물에 비해 번식력이 매우 높다. 식물 플랑크톤이 폭발적으로 발생하는 현상은 호수처럼 정체되거나 유속이 매우 느린 곳에서 질소, 인 같은 먹이원이 충분하고 기온이 올라갈 때 나타나는 '부영양화'라는 과학적 메커니즘의 결과다.

식물 플랑크톤이 대발생할 때 생기는 문제점 가운데 하나는 물속 산소가 고갈되어 다른 생물이 소멸하는 것이고, 다른 문제점은 독성 물질이 생긴다는 점이다. 녹조 현상을 일으키는 남조류는 자신을 보호하고자 간에 해를 주는 간독과 신경을 마비시키는 신경독을 만든다. 이 밖에도 배탈이나 피부염을 일으키는 당지질을 배출하기도 한다. 대량 발생하는 남조류 마이크로시스티스가 만들어 내는 간독 가운데 일부는 $1\,mg$으로 실험용 쥐 50마리를 죽일 만큼 맹독이다. $3\,mg$이면 한 사람을 죽게 할 수 있는 셈이니 근원적 해결 방안을 찾아야 한다.

낙동강에 녹조가 발생하는 데에는 가뭄을 동반한 고온 건조한 날씨도 작용하나 근본 원인은 흘러야 하는 강에 대형 보를 설치해 정체된 '낙동호'를 여러 개 만들었기 때문이다. 혹 이 상황이 "모든 것은 연결되어 있고, 자연은 반드시 최후에 타격을 가한다"는 『에코토피아』의 저자 칼렌바흐의 말을 방증하는 것은 아닐까? 강을 호수 꼴을 만든 것이 원인이었으니 다시 흐르게 해야 한다.

4대강 사업 이후 해마다 등장하는 주요 강의 녹조. 오죽 심하면 '라떼'라 부를까? 한때 이를 제거하고자 녹조 제거선을 제작, 투입하기로 했다는 소식이 있었다. 해양 방제선처럼 갈라진 배 앞부분으로 들어온 녹조를 걷어 내는 방식으로, 8시간을 기준으로 8만 m^2를 운항하며 녹조를 제거할 수 있다 한다. 손바닥으로 하늘 가리기다. 실질적인 효과성은 차치해 두고 근본적인 대책인지를 곱씹어 볼 필요가 있다. 흐르지 못해 독을 품는 강이니 흐름을 허해야 할 것 아닌가.

풍 력 계 급
고요히 머물기도 하고
모든 것을
삼키기도 하는

기후 변화에 따른 영향으로 과거와는 달리 극단적인 기상 이변이 우리 사회에 빈번하게 일어나고 있다. 집중 호우나 태풍은 여름과 가을철 위협적인 자연 재해로 많은 피해를 입히기도 한다. 바람은 고요히 불기도 하지만 때로는 모든 것을 삼키는 강력함을 보이기도 한다. 풍속에 따라 계급이 생기고 계급별로 존재감과 파괴력이 달라진다.

풍력 계급(등급)은 1805년 영국 해군 제독 보퍼트가 고안해 사용하다가 1947년에 지금 같은 13개 등급으로 나뉘었다. 풍력 계급은 지상 약 6m에서 부는 바람 강도가 어느 정도인가에 따라 결정되며 가장 낮은 단계인 0은 '고요'로 풍속이 1.6km/시간 이하다. 중간 단계인 6 '된바람' 풍속은 큰 나뭇가지가 흔들리며 우산을 펴기 힘든 40~50km/시간이며, 가장 높은 단계인 12는 모든 것을 삼키는 '싹쓸바람'으로 풍속 120km/시간 이상이다.

풍력 계급 12에 이르는 바람에는 태풍, 허리케인, 사이클론, 토네이도가 있다. 이들 바람의 공통점은 중앙부가 저기압을 이루고 이를 중심으로 강하게 회전하며 빠른 속도로 이동한다는 점이다. 온대 지역에서 발생하는 토네이도를 제외한 나머지 세 바람은 열대 해양에서 발생하며, 발생하는 장소, 규모, 이동 거리, 생성 뒤 소멸하는 시간 등에서 차이를 보인다.

여름과 가을에 태평양에서 발생해 아시아 대륙에 영향을 미치는 태풍은 많은 비를 몰고 온다. 시간당 평균 40km 정도로 이동하고 규모에 편차가 있으나 지름이 1,500km를 넘기도 하며 수명이 수 주일에 이른다. 그러나 대서양에서 발생해 북중미 지역에 영향을 미치는 허리케인은 평균 시속 30km로 이동하고 1주일쯤 뒤에 소멸한다. 인도양에서 발생하는 폭풍 사이클론은 규모는 태풍이나 허리케인보다 작지만 큰 홍수 피해를 일으킨다. 토네이도는 온대 지방에서 기원하는 깔때기 모양 회오리바람으로 수명이 짧으며 우리나라에서는 바다에서 이와 비슷한 용오름 현상이 나타난다.

태풍의 규모와 영향 그리고 이에 따른 피해를 결정짓는 것은 자연의 몫이나 그 고통을 극복하고 이겨 내는 것은 우리의 몫이다. 기후 변화에 대응하는 노력의 일환으로 태풍을 극복하고 피해를 줄이는 사회 체계를 마련해야 할 때이다.

사회성을 지니는 집단이나 조직에만 계급이 존재한다. 상위 계급일수록 조직에 미치는 영향은 크고 집단의 지속 가능성에 직접적으로 작용한다. 또한 그 영향력은 고요한 발전을 꾸준히 견인할 수도 있지만, 한 순간의 큰 영향으로 모든 것을 삼킬 수도 있다. 건전한 조직은 강한 충격에도 이를 견디고 흡수할 수 있는 구성원의 자질과 지혜에 기초하고 비로소 지속 가능해진다. 강한 태풍 등 자연 재해에 대비하는 우리 사회도 이런 덕목을 필요로 한다. 구성원 모두 힘을 모아 피해를 극복하는 상생의 시스템과 고통을 치유하는 나눔의 지혜를 발휘할 수 있는 사회로 발전을 도모해야 한다.

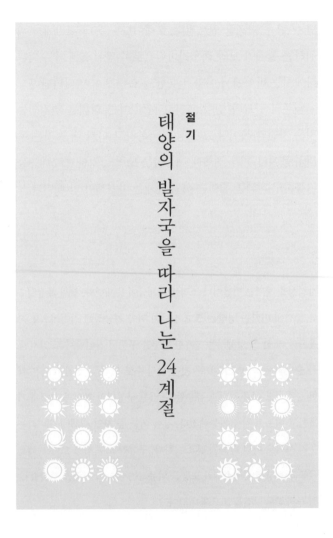

절
기

태양의 발자국을 따라 나눈 24계절

멈춘 시소는 재미가 없다. 오르고 내리며 반복적으로 기우는 변화에 온몸의 신경과 근육이 반응하며 아이들은 흥미를 느낀다. 우리가 사계절이라는 역동성을 느낄 수 있는 것도 지구가 약 23.5도 기울고 태양 주변을 공전하기 때문이다. 그러므로 지구에서 바라본 태양 궤도는 적도와 자전축만큼 기울어져 나타나며, 이를 황도라 한다.

1월 초 소한을 시작으로 매년 우리는 24절기를 맞이한다. 한자음을 빌려 쓰는 탓에 절기를 음력에 기초하는 것으로 착각할 수 있으나 절기는 태양력에 기초한 계절과 기후의 표준점이다. 절기는 황도를 24등분하고 태양의 기운을 24마디로 나누어 각각에 이름을 붙인 것으로 중국 주나라 시대 황하 유역 기후에 맞게 만들어진 뒤, 우리나라에는 고려 시대에 도입되어 농사력으로 활용되었다. 사계절을 보이는 우리나라에서는 계절별로 6개 절기, 월별로는 2개 절기가 있다. 따라서 절기는 매월 6일과 21일을 전후해 15일 간격으로 나타난다.

황도와 적도가 만나는 시점인 춘분을 0도로 해 90도에 이르는 시기가 하지이고, 180도는 추분, 270도가 되는 때가 동지다. 이 4개 절기는 계절별 6개 절기 가운데 4번째에 나타나고 계절의 정점을 이룬다. 낮과 밤 길이가 같은 춘분을 지나면 낮 길이가 길어지며 하지에 이르러 가장 길어진다. 이후 낮 길이는 다시 짧아져 추분에 다시 낮과 밤 길이가 같아지고 동지에 가장 긴 밤을 맞이하게 된다.

음력을 사용했던 과거 우리 농경 사회는 서양의 7일 주기와 달리 달의 변화 주기인 보름(15일)을 생활 주기로 삼았다. 그런 상황에도 태양의 움직임을 고려해 절기를 농사력으로 사용한 지혜가 놀랍다. 기울어진 자전축을 지니고 태양 주변을 공전함으로써 변화하나 늘 한결같이 순환하는 자연의 순리를 담은 절기는 태양의 발자국을 따라 던져 놓은 24개의 디딤돌이다.

절기상으로는 5월부터가 여름이다. 여름으로 들어선다는 입하가 지나면 곧 햇볕이 풍부하고 만물이 점차 생장해 가득 찬다는 소만이 다가온다. 그런데 "소만 바람에 설늙은이 얼어 죽는다"라는 속담이 있다. 이 무렵에 부는 바람이 매우 차고 쌀쌀할 수 있어 누군가에게는 고통스럽다는 것이다. 사회적 절기가 있다면 여러 방면에서 빠른 변화가 나타나고 있는 지금이 소만 같은 시기가 아닐까 싶다. 키오스크 주문이 어렵고 재난재해 문자 등 정보 접근에 취약한 어르신들과 사회적 약자에겐 지금 우리 사회에 부는 변화의 바람이 때로는 너무 차고 쌀쌀한 것은 아닌지 생각해 본다.

겨울나기

우리는 이 추위에서 살아남을 수 있을까?

모든 생명은 나서 죽는 한살이 과정에서 힘든 시기를 겪는다. 먹을 것이 부족하거나 외부 환경의 급격한 변화처럼 비정기적으로 발생하는 위협적인 상황도 있지만, 주기적으로 반복되는 계절적 영향도 한살이에 고통으로 작용한다. 아마도 야생 생물에게 가장 힘든 시기는 겨울일 테다. 고통스러운 계절을 견뎌야 주어진 한살이를 이어갈 수 있으니 저마다 생명력을 유지하는 다양한 전략을 구사한다.

가장 일반적인 생존 전략은 비축이다. 꿀벌이 부지런히 꽃을 찾아 헤매는 것도, 다람쥐가 볼이 터져라 도토리를 입에 담는 것도 그런 이유다. 창고가 없는 종은 자기 몸에 지방 형태로 에너지를 비축해야 한다. 다른 전략은 휴면으로 특정 시기에 일시적으로 생장을 멈추는 방법(diapause)과 신진대사를 극소화하며 잠을 자는 방법(dormancy)이 있다. 전자는 식물 씨앗이나 곤충류 번데기의 휴면이며, 후자는 곰, 개구리, 달팽이 등이 성체가 된 뒤 선택하는 겨울잠이나 여름잠이다.

또 다른 전략은 집단화이다. 기후가 좋을 때에는 집단생활을 하지 않다가 환경이 열악해지면 무리 지어 겨울을 넘기는 전략은 뱀과 무당벌레 같은 변온 동물에서 찾아볼 수 있다. 옷 갈아입기 전략을 구사하는 종류도 있다. 겨울이 되면 몇몇 식물은 잎을 떨구고 몇몇 동물은 털갈이를 한다. 철새처럼 운동량이 많은 동물은 더 나은 환경을 찾아가는 방식을 택한다. 특히 놀라운 전략은 곤충류에서 보이는 과냉각(supercooling) 기작이다. 어는점 이하에서도 체액이 동결되지 않는 현상을 말한다. 영하 20도에도 얼지 않도록 부동액 역할을 하는 물질을 세포 사이로 분비해 혹한을 극복한다.

인생에서 노년기를 겨울에 비유한다면 만추가 되기 전에 겨울나기 준비를 마쳐야 한다. 주기적으로 수면에 떠오르는 국민연금 논란을 보며 비축 전략도, 서로에게 어깨를 내어 주는 집단화 전략도 없는 겨울나기가 될까 걱정스럽다.

●

굳이 이솝우화 『개미와 베짱이』를 언급 않더라도 풍족한 시기에 힘겨운 미래를 준비해야 한다는 것은 누구나 알고 있다. 그런데 나이가 들면서 정말 개미처럼 열심히 일하면 겨울을 견딜 만한지 자문하게 된

다. 개미가 열심히 일하는 것은 집단 체계를 신뢰할 수 있기 때문 아닐까. 우리 모두 누구 못지않게 절약하고 근면하게 살아왔는데 연금이라는 시스템이 제대로 작동하지 못한다면 이보다 큰 낭패가 어디 있을까 싶다. 급격한 인구 감소 추세와 노령 인구 비율 급증은 세계에서 유례를 찾아보기 어려운 상황이다. 보다 조밀하고 신뢰도를 높이는 사회 안전망 개선에 집중해야 할 때이다.

소 금
없어도, 지나쳐도 안 되는

동서고금 가릴 것 없이 소금은 중요했다. 조선 시대 한강 마포나루터는 소금 중심 상업지였다. 인근 염창동은 소금 창고에서, 염리동은 소금 장수가 있던 것에서 유래한 지명이다. 전쟁 역사에서 소금이 차지한 비중 또한 적지 않다. 멀게는 기원전 1세기 로마와 스페인 간 소금 전쟁, 17세기 독일과 오스트리아 간 소금 시장 장악을 둘러싸고 발생한 전쟁이 있다. 가깝게는 19세기 말 미국과 북아메리카 원주민 간 소금 갈등이 있다. 일상에서 전쟁까지, 무슨 이유로 소금은 우리 삶에 이리도 깊이 연관된 것일까?

고대 전쟁에서 소금은 음식을 상하지 않게 하고 상처 입은 병사를 치료하는 물질이었다. 소금이 일으키는 삼투압 현상 때문에 가능한 일이다. 음식이 상하고 상처가 심해지는 것은 병원성 미생물이 침투해서인데, 소금기가 있는 곳에 미생물이 닿으면 미생물 몸속에 있던 물이 소금 때문에 빨려 나가면서 미생물이 죽게 된다. 그러니 옛날에는 소금이 냉장고와 항생제 역할을 한 셈이다.

우리 혈액의 0.9% 염분 농도는 몸속 세포에 소금기를 주어 병원성 미생물에 대한 저항성을 유지해 준다. 또한 우리 몸속에서 분해된 소금의 나트륨 이온은 신경 전달 작용에 중요한 역할을 한다. 자극이 없는 평상시에 신경세포 내외부는 각각 음전하(-)와 양전하(+)를 띠는데, 자극을 감지하면 내외부 전하가 바뀌면서 신경 반응을 이끈다. 이는 신경세포 밖에 있는 나트륨 이온이 세포 안으로 들어가면서 발생한다. 따라서 소금을 적당히 섭취하지 않으면 정상적으로 살 수 없다.

소금은 전 세계에 퍼져 있으며 바다(천일염)는 물론 육지(암염)에서도 찾을 수 있다. 그러나 분포하는 곳 특성에 따라 순수한 정도와 염분 농도가 다르다. 보통 해수의 염분 농도는 3~5%로 여러 바다생물이 살 수 있지만 중동 지역 사해의 소금 농도는 20~30%로 생명체가 살 수 없다. 지나치게 많은 것은 모자라는 것과 다르지 않다는 조언을 여기서도 볼 수 있다.

과유불급이 어찌 소금뿐일까. 굶주림도 문제이지만 폭식도 문제인 것처럼 정보의 빈곤도, 과함도 모두 문제인 세상이다. 네트워크로 연결된 사회에 사는 지금 수많은 정보가 스마트기기를 통해 손안에 넘쳐나고, 이 때문에 삶의 질이 저하되는 등 사회적 부작용도 증가하고 있다. 과도한 염분 농도로 생명체가 생존할 수 없게 된 '죽음의 바다'가 생겨난 것처럼 넘쳐 나는 정보량을 스스로 정제하고 시간을 자율적으로 관리할 수 없다면 새로운 세상의 인류를 일컫는 호모 디지쿠스나 호모 모빌리안이라는 별칭은 생명력을 잃을지도 모른다.

동그란 과일

세상에 이유가 없는 것은 없다

수많은 과일에서 세모꼴이나 네모꼴을 찾아보기 어렵다. 조금 각이 진 바나나를 빼면 과일은 대개 둥글다. 생각의 범위를 좀 더 넓히면 과일뿐만 아니라 대부분 생명체가 둥근 모양에 기초해 고유한 형태를 지니고 있음을 알 수 있다. 그런데 '왜 과일은 둥근가?'라는 질문에 답하기가 그리 쉽지 않다. 추락하는 것에는 날개가 있듯 과일이 둥근 데에도 이유가 있다.

과일은 번식에 꼭 필요한 씨앗을 담고 있다. 모든 생명체처럼 과일 나무도 종족을 유지하고자 생존 영역을 넓히려 한다. 서식 범위를 넓히려면 이동성이 있어야 하니 동물과의 관계 설정이 필요하다. 작고 둥근 것은 작은 동물이 좋아하는 모양이다. 목으로 넘기기 쉽기 때문이다. 작은 동물이 먹은 씨앗은 동물 배설물과 함께 다른 곳에 뿌려진다. 배설물은 씨앗이 발육하는 데에 훌륭한 양분이 되어 새 생명이 자라나는 일을 돕는다. 둥근꼴이 좋은 이유는 또 있다. 바람이나 동물 이동에 따른 간섭, 마찰에 따른 영향을 줄여 가지에서 떨어질 확률을 낮춰 준다.

그러나 가장 중요한 이유는 다른 데에 있다. 생명 근원인 물을 보존하는 데에 가장 효율적인 모양이 바로 둥근꼴이다. 물을 효율적으로 담으려면 표면적 대 부피 비율이 중요하다. 즉 외부와 접하는 표면적을 줄이고 물을 담는 내부 부피를 극대화하는 전략이 반드시 필요하다. 같은 부피인 정육면체와 공의 표면적 크기를 비교하면 이해가 쉽다. 부피가 $27cm^3$일 때 정육면체 표면적은 $54cm^2$이고 공은 $43.5cm^2$이다. 공 표면적이 정육면체 표면적의 80.5%에 지나지 않는다.

이렇듯 수분을 가장 효율적으로 지키면서 성장을 계속하려면 외부 접촉면을 최소화하면서 내적 용량을 최대화하는 둥근 모양이 가장 유리하기 때문에 과실을 맺는 나무는 이런 진화적 전략을 선택한 것이다.

외부에 드러나는 것보다 내적인 성숙함이 더욱 중요한 것은 오랜 교훈이자 추구해야 할 덕목이다. 요즘 우리 사회는 어떠한가? 내적으로 충만하지 못하거나 정신적으로 미성숙한데도 외적인 성장과 화려한 겉치레에만 집착하는 풍토에 젖어 있는 건 아닌지 모르겠다. 과일이 둥근 까닭을 떠올리며 우리 삶에서도 외적 모습과 내적 품성의 바람직한 조화를 이루어야겠다.

떫 은 감

인내심과 강인함의 맛

감이 탐스럽게 익어 가는 계절 가을이다. 감나무는 배수가 잘되면서도 토양에 수분이 30~40% 함유된 습윤한 곳에서 자란다. 비교적 물을 많이 필요로 하는 감나무가 심한 가뭄을 견디고 주황색 열매를 맺으니 대견하기도 하고 경이롭기도 하다. 떨구지 않은 넓은 잎은 아직도 짙은 녹색을 담고 있고 그 사이사이 주황색 과실과 파란 가을 하늘이 뒤섞여 있다. 한참 바라보다가 발길을 돌리는데 문득 궁금해진다. 저 감은 단감일까, 떫은감일까?

감나무는 우리나라와 중국, 일본이 원산지인 동아시아

대표 과수로 많은 품종이 개발되었으나 크게 단맛과 떫은 맛으로 구분된다. 등산길에서 만나는 우리 감나무는 역사가 오래된 삽시, 즉 떫은감을 달고 있을 가능성이 높다. 떫은감은 단감에 비해 추위에 강하고 질병 저항성도 높아 폭넓게 분포하고 생존력도 강하다. 외유내강형 과실수라 해도 무방하다.

떫은맛은 열매에 있는 타닌 성분에서 비롯한다. 타닌은 나무가 병균과 해충, 새에게서 자신을 보호하고자 만들어낸 진화의 부산물로 타닌이 균체에 유입되면 단백질 응고 현상이 일어나 병원체가 고사한다. 또한 타닌은 디오스프린이라는 수용성 물질이어서 침이 닿는 순간 입 안으로 떫은맛이 퍼지기에 곤충이나 새가 먹기를 꺼린다.

감의 떫은맛을 없애는 일을 탈삽이라 한다. 여기에는 긴 시간을 기다리는 자연적 방법과 온수나 알코올로 처리하는 인위적 방법이 있다. 탈삽하면 단맛이 난다고 여기는 까닭은 타닌이 사라지거나 당분으로 전환되어서가 아니라 이화학적 반응으로 타닌이 불용성으로 전환되어 떫은맛을 느낄 수 없기 때문이다.

단맛을 좋아해 단감 품종을 800여 개나 개발한 일본이

군국주의 부활로 우리에게 쓴맛을 주니 이율배반이다 싶다. 강인함과 긴 호흡의 미학을 담은 우리의 감, 사곡시, 단성시, 고종시, 분시, 원시 등으로 이 떫은 감정을 달래보자.

감나무는 보기와 달리 추위에 민감하고 가지가 약하다. 내한성이 약한 탓에 북위 35도 이남에선 단감이 잘 자라고 그 이상에선 떫은감이 우세하지만 북위 37도를 넘으면 냉해에 시달리기 쉽다. 그래서인지 중북부 지역에서 만나는 감나무는 애틋함을 주는 동시에 추위를 견디고 생존한 강인함으로 감동도 더한다. 삽시일지라도 부러지기 쉬운 가지에 서릿발을 이고 까치밥을 단 초겨울 감나무는 우리 인생의 쓰고 단맛을 모두 담고 있는 듯하다.

매운맛

맛이 아니라 통증

겨울은 추워야 제맛이란다. "날씨가 맵다"고 말하는 소리를 듣고 추위를 매운맛에 비유하는 민족이 얼마나 될까 생각했다. 매운맛은 대개 뜨거움과 함께 오는데 차디찬 겨울 날씨를 맵다고 하는 것은 그저 반어적 표현일까?

우리가 혀로 느낄 수 있는 맛은 5가지로 단맛, 신맛, 짠맛, 쓴맛, 감칠맛이다. 매운맛은 입안 점막을 자극할 때 느껴지는 통증 감각과 타는 듯한 온도 감각이 복합된 피부 감각의 일종이다. 즉 매운맛은 미각세포가 아니라 통각신경으로 느껴지는 고통의 일종이다.

매운맛은 냄새 없이 자극하는 것(무취성: 고추류), 눈물샘을 자극하는 것(자극취성: 마늘류, 고추냉이류), 고유한 냄새가 나는 것(방향성: 생강류) 3종류로 나눈다. 이 가운데 무취성 화합물인 캡사이신은 잘 알려졌으나 마늘과 양파, 파에 있는 황화아릴, 겨자나 고추냉이에 있는 아릴겨자유 같은 자극취성 화합물은 조금 낯설다.

매운맛을 낸다는 점은 같으나 무취성과 자극취성 두 종류 사이에는 큰 차이가 있다. 바로 지속성이다. 매운맛은 오래가는 뜨거운 매운맛과 짧은 순간 강렬하게 다가오는 날카로운 매운맛으로 나눌 수 있다. 캡사이신은 열에 잘 분해되지 않아 뜨거운 음식에서도 여전히 강력한 통증을 일으킨다. 따라서 캡사이신의 뜨겁고 매운 통증은 지속성이 길다. 날카로운 매운맛은 자극취성 물질이 내지만 열에 약해 가열하면 매운맛이 사라진다. 그래서 고추냉이, 겨자, 마늘 등은 찬 음식을 맵게 만드는 데에 쓴다.

매운 시집살이, 매운 손맛 그리고 겨울 날씨가 맵다는 것은 느껴지는 매 순간 감각이나 상황이 고통스럽다는 뜻이다. 맵다는 것이 맛이 아닌 통증임을 알아차린 선조의 지혜가 참으로 대단하다. 아마도 선조들은 적당한 고통은 삶의 면역력을 강화시킨다는 점도 알고 있었으리라. 그러나 적정함을 넘는 지속적인 고통은 삶을 피폐하게 한다. 음식도 날씨도 사회도 적당히 매워야 할 일이다.

조금 매운 것은 칼칼하다 하고 아주 매운맛은 얼얼하다 한다. 통각신경으로 통증이 느껴지면 우리 몸은 이를 완화시키는 엔도르핀을 분비해 통증을 줄여 주며 기분을 좋게 만든다. 동시에 아드레날린 분비가 촉진되어 땀이 나면서 열과 노폐물이 몸 밖으로 배출되어 스트레스가 줄어드는 효과를 볼 수 있다. 그래서인가 매운맛을 찾는 사람들이 많아지는 것을 보며 풀어야 할 스트레스도 그만큼 증가하는 건 아닌지 해 뒷맛이 씁쓸하다.

냄새

소리 없이, 가식 없이 세상과 소통하다

다른 생물에게 도움을 받아 수정, 번식하는 식물은 저마다 독특한 냄새를 풍긴다. 그 냄새는 꽃가루받이를 돕는 생물에게 중요한 길 안내 정보가 된다. 벌에게서 꽃가루받이 도움을 받는 종은 달콤한 향을, 딱정벌레를 유인해 꽃가루받이를 하는 종은 곰팡이 냄새나 강한 과일 향을 풍기는 꽃을 피운다.

식물뿐 아니라 동물도 화학 물질인 페로몬을 방출한다. 공기로 퍼져 나가는 페로몬은 같은 종끼리 정보를 전달하는 데에 쓰이는 신호 자극의 한 종류로, 여러 곤충과 포유류 암컷은 이성을 유혹하고자 성 페로몬을 분비한다. 페로몬은 배우자를 찾는 것뿐만 아니라 다양한 정보 전달에도 쓰인다. 꿀벌의 집합 페로몬, 개미의 길 안내 페로몬, 포유류의 텃세권 표지 페로몬 등이 있다.

다른 종에게 행동 변화를 일으키게끔 하는 물질 또는 냄새를 이종감응물질이라고 부르며 이는 3종류로 구분된다. 자신에게는 이익이 되고 다른 종에게는 부정적 영향을 미치는 물질(스컹크 방귀, 은행 열매 냄새) 알로몬, 자신에게는 손해가 되고 다른 종에게는 이익이 되는 물질(식물과 초식성 동물, 숙주와 기생자 간에 작용하는 물질) 카이로몬 그리고 서로에게 긍정적인 효과를 일으키는 화학 물질(수분 매개자를 유인하는 꽃향기) 시노몬이다.

이처럼 여러 생물은 냄새를 통해 같은 종이나 다른 종과 의사소통하고 정보를 주고받는다. 때로는 냄새 때문에 자기가 피해를 입기도 하고 남에게 피해를 주기도 하지만 자기 존재를 알리는 냄새에 적어도 가식은 없다.

꽃은 대부분 저마다의 독특한 냄새를 풍긴다. 우리는 꽃의 향기로운 냄새에 '꽃내음'이라는 문학적인 수사를 붙이지만 자연계에서 꽃의 향기는 이런 여유로움보다는 생존과 종족 유지를 위한 본질적 수단으로 사용된다. 우리는 어떠한가? 심화된 물질주의에 빠져 세상 속에서 자신만의 솔직한 모습과 향기로 소통하는 법을 잃어 가는 삶에 익숙해져 있는 것은 아닌지 되돌아볼 일이다. 몸에 밴 가식의 냄새는 털어 버리자.

목 소 리

하나인 듯 하나 아닌

타계한 '마왕' 신해철 씨의 목소리를 복제 기술로 재현해 그가 진행하던 프로그램과 신곡을 제작하는 프로젝트가 진행된 적이 있다. 이 기술은 목소리의 진동수 증폭 정도, 리듬, 공명 및 발성 패턴 같은 여러 특징을 분석 자료로 입력해 컴퓨터로 복제된 음성을 만들어 내는 기술이다. 목소리는 호흡, 발성, 발음, 공명 네 가지 기본 요소에 몇 가지 추가 요인이 더해져 구성되므로 복제 기술로 신해철 씨의 고유한 음성을 구현할 수 있다.

살면서 누구나 한번쯤 겪는 경험 가운데 하나가 녹음된

자기 목소리를 듣고 놀라거나 부정적으로 느끼는 일이다. 타인에게는 똑같이 들리는 녹음 목소리가 정작 자신에게는 그간 알던 음성과 다르게 느껴지는 이유는 무엇일까? 하나인 듯 두 개인 목소리의 비밀에 답이 있다.

폐와 입 사이에 있는 소리 생산 공장인 성대가 울려 만들어지는 목소리는 두 가지 경로로 귀 안쪽 단단한 뼈로 둘러싸인 속귀(내이)에 다다른다. 하나는 공기를 매체로 해서 전달되는 경로로 외부 소리가 이도를 거쳐 고막과 중이를 통과한 뒤 속귀 달팽이관에 이르는 경로다. 다른 하나는 성대에서 만들어진 소리가 머리 조직을 통해 달팽이관에 직접 전달되는 경로다. 뼈를 매체로 전해지므로 목소리에는 더욱 깊은 저주파 진동이 강화된다. 자기가 인지하는 목소리는 이 두 가지 경로로 전달되는 음성이 섞인 소리다. 그러나 녹음된 음성은 정상이라 여기는 목소리에서 뼈를 매체로 전달된 음성이 제거된 소리이므로 자신이 그간 알았던 음성과 다르게 들린다.

반대로 귀마개를 꽂고 말을 하면 공기를 매체로 전달되는 목소리가 차단되어 뼈로 전달되는 음성만 듣게 되는데, 이 역시 자신이 알던 목소리와 다르다. 하나인 듯한 내 목

소리에 두 가지 음성이 섞여 있고, 타인이 아는 내 목소리
도 다르다.

우리 생활에도 단편적으로 생각하고 이면을 살피지 않으면 실체를 놓
치는 경우가 많다. 늘 유쾌해 보이는 사람에게도 슬픈 이면이 있고, 고
독해 보이는 나무에도 햇살과 새들이 찾아온다. 우리 사회의 갈등은
상대가 지닌 어려운 속사정을 이해하지 못하는 데에서 기인하는 경우
가 많다. 다양한 목소리와 사회적 외침에 귀 기울여 보자.

시 간 이   흐 르 는   속 도

이유는 여럿이지만 결론은 하나

뉴턴 이후 공고했던 시간의 절대성이 아인슈타인의 특수 상대성 이론으로 깨지고, 관측자에 따라 시간도 상대적이라는 내용이 입증되면서 시간 연구는 과학의 한 주류가 되었다.

군이 아인슈타인의 상대성 이론이 아니어도 나이가 들면 들수록 시간이 더 빠르게 흐른다고 느끼는 것은 모두가 아는 내용이다. 19세기, 자넷은 '비례 이론'을 제안하며 청소년과 성인이 느끼는 1년 속도감이 다른 이유를 설명했다. 15세에게는 생애의 1/15에 해당하는 1년이 45세에게는 1/45에 불과하기 때문에 45세는 15세보다 1년이 3배나 빨리 지나간다고 느낀다는 것이다. 즉 일생이라는 공통분모에 따라 시간 속도감이 달라진다는 말이다.

심리학자 호아글랜드의 '체온 이론'도 흥미롭다. 사람은 몸이 아프면 대개 체온이 오르며 이 상태에서는 시간이 상대적으로 더디게 흐른다고 느낀다는 사실에 근거한 이론이다. 실제로 유아기를 제외하고 사람은 나이가 들면서 체온이 조금씩 낮아지기에 시간이 빠르게 지나간다고 느낀다는 것이다.

또 다른 주장으로 '생체시계 이론'도 있다. 어린 시절에는 몸속 생체시계가 빠르게 움직이나 나이가 들면 느려지기 때문에 1년이라는 시간도 상대적으로 빠르게 흐른다고 느낀다는 설명이다.

2013년에 루위스가 〈사이언티픽 아메리칸〉에 발표한 이론도 있다. 나이를 먹으면서 시간에 쫓겼던 경험과 압박감, 스트레스가 증가하기 때문에 시간이 빠르게 흐른다고 느낀다는 것이다. 즉, 시간 부족이 스트레스 증가로 이어지기에 시간이 빠르게 지난다고 느낀다는 뜻이다. 시간을 되돌리고 싶다고 생각한 적이 한두 번이 아니었을 우리.

되돌릴 수는 없지만 시간 흐름을 늦추고 싶다면 스트레스부터 풀고 봐야겠다.

19세기부터 21세기에 이른 지금까지, 다양한 이론으로 나이 들어감에 따라 점차 빠르게 흐르는 듯한 시간의 속성을 설명하려 한 것을 보면 동서고금을 막론하고 이 느낌은 우리 삶에 큰 영향을 미치는 듯하다. 체온 이론이나 생체시계 이론으로 설명되는 현상은 어쩔 수 없다 하더라도 스트레스 증가에 따른 느낌은 좀 줄여 볼 수 있지 않을까. 100세 시대라는데 더 빠르게 흐를 시간을 감당하려면 스트레스 관리가 중요할 듯하다. 누구나 한번쯤 '시간을 되돌릴 수 있다면'이라는 후회나 안타까움을 느껴 봤을 것이다. 현재로선 시간 여행이 불가능하니 시간 흐름을 늦추는 삶의 지혜가 필요하다.

프 리 즘
모든 색을 담는 투명한 그릇

뉴턴 이전의 시기에는 가시광선에 색이 없다고 여겨졌다. 빛을 굴절, 분산시키는 광학 도구인 프리즘을 사용한 뉴턴은 가시광선이 다양한 색상을 띠는 전자기파로 구성되어 있음을 최초로 증명했다.

햇빛은 전자기파의 한 가지로 연못에 돌을 던지면 생기는 동심원 물결처럼 주변으로 퍼져 나가고 이를 파동이라 한다. 파동은 반복적으로 나타나며 파동 간 거리를 파장이라 부른다. 햇빛은 파장이 짧은 자외선(10~380nm), 중간인 가시광선(380~760nm), 긴 적외선(760nm~1mm) 같은 모든 파장을 포함한다. 무지갯빛 가시광선 덕에 우리 눈은 사물을 분별하고, 식물은 광합성으로 새로운 에너지(영양분)를 만들어 지구 생태계에 공급한다.

파장 길이가 저마다 달라 빛이 사물을 통과할 때 굴절되는 정도도 조금씩 다르다. 자동차 크기가 클수록 회전 반경이 커지듯이 가시광선 가운데 파장이 가장 긴 빨간색이 가장 적게 굴절하고 파장이 가장 짧은 보라색이 가장 많이 굴절한다. 그래서 흰색 햇살이 프리즘을 통과하면 화려한 스펙트럼을 드러내고 굴절률이 가장 큰 보라색이 아래에, 빨간색이 맨 위쪽에 나타난다. 공기에 섞인 물방울이 프리즘 역할을 해 나타나는 무지개 일곱 가지 색깔도 같은 순서다. 이런 현상으로 가시광선이 무색이 아닌 여러 색으로 구성된 본질을 파악할 수 있다.

그러므로 프리즘은 단순히 빛을 굴절, 반사시키는 도구가 아니라 빛의 본질을 분별하는 도구다. 그러기에 아무 물체나 프리즘이 될 수 없다. 프리즘이 될 수 있는 물체는 굴절률이 공기 굴절률과 달라야 하고, 광학적 평면이 2개 이상 있으며 적어도 면 한 쌍이 평행하지 않는 투명 구조체여야 한다. 마찬가지로 사회적 프리즘도 구성원 각각이 지닌 고유한 본질과 차이를 분별해 다양한 스펙트럼을 모두 펼쳐 낼 수 있도록 투명해야 한다.

　

"봄볕은 며느리 쬐이고 가을볕은 딸 쬐인다"라는 말이 있다. 이 말을 들을 때마다 광선의 계절적 영향을 어찌 이리도 잘 헤아렸을까 하는 마음과 '프리즘'이 떠오른다. 이 말은 가을철에 비해 건조한 봄철에는 대기 중 수분에 따라 분산되는 자외선 양이 줄어 지표면에 상대적으로 많은 자외선이 도달해 피부에 더 큰 영향을 미친다는 사실과 함께 며느리보다는 딸을 더 소중히 여기는 옛사람의 정서를 담고 있어서이다. 마치 옛사람의 속마음이 프리즘을 통해 투영돼 기울어진(?) 자식 사랑을 고백한 듯하다.

부메랑

시작만큼 마무리도 중요하다

근세기에 이르러 비행 원리가 규명되기까지 오랫동안 부메랑의 회귀 비행은 경탄의 대상이었다. 부메랑 가운데 가장 잘 알려진 것은 호주 원주민이 사냥 도구로 쓴 활 모양 또는 V자 모양이다. 전투용 부메랑과 달리 던진 이에게 되돌아오는 사냥용 부메랑은 새나 작은 짐승을 사냥하던 원시인에게 회수 가능한 획기적인 도구였다.

부메랑 날개는 비행기 날개처럼 아랫면은 편평하고 윗면은 볼록하다. 이런 날개는 공기가 통과할 때 풍속 차이를 일으키고 이로써 날개 위쪽과 아래쪽 사이에 대기압 차이가 발생한다. 이 차이가 부메랑을 위로 들어 올려 날아가게 한다.

수직으로 세워 던지면 부메랑이 날아가는 방향과 위쪽 날개의 회전 방향이 같아 빨리 회전하고, 아래쪽 날개 회전 방향은 진행 방향과 반대라서 느리게 회전한다. 그래서 부메랑은 나선형 자전 궤적을 만들고 큰 원을 그리며 회귀 비행한다. 부메랑이 되돌아오는 데에는 공기 저항도 영향을 미친다. 위쪽 날개는 빨리 회전하는 만큼 바람 저항을 크게 받으면서 힘의 균형을 잃어 옆으로 차츰 기울어지다가 수평 회전하고, 여기서 더 기울어지면 방향을 바꾸어 다시 되돌아오게 된다.

부메랑이 회귀 비행하는 데에는 상호 작용하는 위 세 가지 요소(수직으로 세워 던지는 방식, 서로 다른 날개 회전 속도, 공기 저항) 외에 중요한 요건이 하나 더 있다. 던지는 방향이다. 부메랑은 바람을 안고 던져야 한다. 바람을 등지고 던진 부메랑은 제대로 돌아오지 않는다.

부메랑을 잘 던지는 것만큼이나 잘 받는 것도 중요하다. 바람을 타고 되돌아오는 부메랑에는 던질 때와 거의 같은 파괴력이 담겨 있어 제대로 받지 못하면 타격을 입는다. 그래서 한 손으로 던질 때와 달리 되돌아오는 부메랑은 두 손을 마주치며 잡는다.

부메랑 효과(boomerang effect)란 어떤 계획이나 행위가 본래 의도한 목적을 벗어나 계획을 기획하거나 이행한 사람에게 불리한 결과를 남기는 현상을 말한다. 목표를 정확히 가격 못하고 되돌아오는 부메랑에 던진 사람이 다치는 것을 빗댄 말이다. 좀 확대 해석한다면 어떤 일이든 역이용당하거나 역풍을 맞지 않으려면 두 손으로 맞잡는

실력이 중요하다는 의미일 것이다. 사회적으로나 조직에서도 마찬가지이다. 큰 울림을 갖고 개혁과 변화를 추동하려면 구성원 서로서로의 손을 맞잡는 연대의 힘이 필요하다. 이러할 때 부메랑 현상을 피할 수 있다.

비
누

마음의 경계를 말끔히 씻을 수 있다면

손 씻기를 잘해야 하는 세상이다. 세균이나 바이러스로 전파되는 질병은 깨끗하지 않은 손에서부터 퍼지므로 손을 청결히 유지하는 것이 중요하기 때문이다. 손 소독제 같은 살균제보다 비누로 바이러스나 세균을 제거하는 것이 손을 청결하게 유지하는 데에 더욱 유리하다는 것이 일반적 견해이다. 비누가 손에 묻은 병원체를 죽이는 것이 아니라 병원체를 비누에 결합시켜 손에서부터 원천적으로 제거하기 때문이다. 충분한 시간 동안 세정제 거품을 잘 내어 씻고 흐르는 물에 충분히 헹구는 것으로 대부분 병원균을 제거할 수 있다.

구약성서에 잿물을 세정에 사용했다는 기록이 있으니 인류의 가장 오래된 세정제는 아마도 잿물일 듯하다. 로마 시대에는 찰흙 종류인 표백토를 세정제로 사용했다고 알려졌으나, 포마드 같은 원시 비누에 관한 첫 기록은 1세기 로마 군인이자 학자였던 플리니우스의 대백과전서 『박물지』에 담겨 있다. 세정제 비누에 대해서는 그리스 의학자 갈레누스가 2세기 무렵에 기록을 남겼고, 그 이후 별다른 변화가 없다가 18세기 말에서 19세기 초에 기술이 발전하면서 오늘날 우리가 쓰는 비누의 근간이 마련되었다.

비누의 세정 작용에는 양면성, 즉 친수성과 친유성이 숨어 있다. 비누가 손바닥 물에 닿으면 친수성 부분이 물과 결합하며 물의 표면 장력을 줄여 거품을 일으킨다. 이 과정에서 비누 분자는 가수 분해되어 알칼리성을 띠고, 이 화학 성질 때문에 옷과 머리카락에 묻은 기름때가 녹아 방울 모양으로 변한다. 분리되어 나온 기름방울은 비누의 친유성 부분에 둘러싸이고, 결국 콜로이드(분자나 이온보다 큰 미립자) 형태로 떨어져 나간다.

비누는 용도에 따라 몇 가지 종류로 나뉜다. 세안과 면도에 적합한 화장비누, 옷, 채소, 식기 등 세척에 쓰는 세탁비누, 섬유, 금속 가공에 쓰는 공업비누가 있다. 셋은 구성분이 달라서 세척력에도 차이가 있으나 때를 빼는 원리는 같다. 여기에 우리 사회 곳곳에 스며든 체념의 때, 돈이 최고라 여기는 편향된 사고의 때, 타인은 없고 나만 있는 이기적 마음의 때를 말끔히 씻어 줄 희망비누 하나 더해지면 좋겠다.

세상을 살면서 모든 사람과 두루두루 잘 지내는 것은 쉽지 않다. 물과 기름 같은 관계인 이해가 상충되는 사람들과는 더욱 그러하다. 비누처럼 섞이지 않는 물과 기름 모두에 가깝게 다가갈 수 있는 물질을 계면활성제라 한다. 계면이란 두 개 물질(기체와 액체, 액체와 액체, 액체와 고체)이 서로 맞닿은 경계면을 말하고, 활성이란 반응이 촉진되는 것을 말한다. 즉, 계면활성제란 계면의 경계를 완화시키는 물질을 말한다. 비누로 때 묻은 손을 닦을 때마다 경계를 줄이는 삶을 살아야 한다는 채찍 소리를 듣는다.

주 머 니

그저 담는 것이 아니라 보듬고 감싸는 것

옷 안팎에 있는 주머니는 몸에 지녀야 할 필수품을 담는 요긴한 장치다. 발육 상태가 좋아 덩치가 큰데도 신발주머니를 들고 학교에 가는 중학생을 보면 왠지 정겹다. 신발주머니를 신발가방이라 잘 부르지 않는 것은 아마도 뚜껑이나 잠금 장치가 없어서일 테다. 과학에서 말하는 주머니도 이와 비슷해서 열려 있으며 무언가를 담는 기관이나 구조체를 가리킨다.

우리 몸속에는 보먼주머니라는 기관이 있다. 모세 혈관 덩어리인 사구체를 감싸고 있어 사구체주머니로도 불린다. 혈액이 사구체를 통과할 때 사구체를 감싼 보먼주머니와의 사이에서 여과압(혈액의 수압+삼투압)이 발생해 혈액에 있는 물이 주머니 안으로 들어오며 불순물이 걸러진다. 사구체 여과액 또는 원뇨라 부르는 이 물은 오줌을 이루는 첫 용액으로 나중에 신장에서 몇 가지 가공 과정을 거쳐 방광으로 모인다.

유대류의 아기주머니는 종족 번식에 꼭 필요한 구조체다. 캥거루와 코알라로 잘 알려진 유대류는 태반이 없거나 미약해서 임신 기간이 짧아 완전히 성숙하지 못한 새끼를 낳는다. 미성숙한 새끼 대부분은 어미 배에 있는 주머니에서 젖을 먹으며 자란다. 물에 사는 동물로는 해마와 실고기가 주머니를 갖고 있다. 암컷이 수컷 배에 있는 주머니 속에 알을 낳으면 알에서 깨어난 어린 새끼들은 수컷 주머니 속을 들락거리며 자란다.

이렇듯 무언가를 덮고 감싼다는 것은 단순한 형태 특징이 아니라 그 무언가를 보듬고 보호해 온전하게 기능을 유지하는 것을 의미한다. 동물의 주머니가 다음 세대를 이어갈 어린 것을 건강하게 기르고, 보먼주머니가 피를 맑게 유지하도록 불순물을 거르는 것은 열린 구조이기에 가능하다. 우리에게는 서로를 보듬고 감싸는 열린 생각주머니가 필요하다.

개방성은 수용성이 높다는 것을 의미하고, 자신의 믿음, 철학과 다른 것에 대한 이유를 탐색하고 타당함이 인정되면 이를 받아들이는 것을 말한다. 닫힌 것은 수용성이 낮고 이를 열기 위한 추가적인 노력이 필요하다. 사회적 개방성을 높여야 하는 이유는 고정관념이나 경직된 사고, 고착화된 서열주의 등에 경도되지 않고 서로에게 따스한 삶을 제공할 수 있는 여건을 유지해야 하기 때문이다. 개방성이 높은 주머니가 여러 가지를 담을 수 있듯 우리도 생각주머니를 열어 주변의 숨 쉬는 것들을 한껏 보듬어 보자.

바 이 러 스
생물과 무생물의
사잇길에 있는 강자

2020년 초부터 국내에 전파되어 발생한 코로나19 바이러스로 온 국민이 고통을 받고 있다. 지난 2015년에 발생한 메르스(중동호흡기증후군) 바이러스보다 훨씬 심각한 피해를 야기하며 일상생활과 경제에 큰 영향을 미치고 있다. 2003년에 아시아에서 발생해 많은 사망자를 낸 사스(중증급성호흡기증후군) 바이러스도 메르스와 유사한 바이러스다.

바이러스가 알려지기 시작한 것은 19세기 말이고 정체가 밝혀진 것은 20세기 중반에 불과하다. 그러나 현재 4,000종 이상으로 추정되는 바이러스는 지구 초기 생물과 함께 등장했으리라 여겨진다.

일부 바이러스는 풍토병을 일으키는 원인이 되기도 한다. 의학적으로 풍토병은 특정 지역에서 발생하는 전염성 질환으로, 그 지역 주민은 해당 바이러스에 면역력이 있지만 외지인에게는 치명적이다. 풍토병이 다른 지역에서 발병하려면 질병을 옮기는 매개체(곤충, 가축, 사람 등)가 지리적 장벽을 넘어야 한다.

16세기 초 에르난 코르테스가 이끄는 스페인 병사 600여 명은 멕시코 중앙 고원에 있는 아즈텍 문명 중심지를 공격했다. 아즈텍 제국은 스페인 군의 30배에 이르는 병력으로 첫 전투에서 대승했으나, 그 후 거의 모든 아즈텍 병사가 괴질로 죽기 시작하면서 전세가 역전되어 스페인 군에게 패하고 말았다. 천연두에 면역력이 있는 스페인 병사들과 달리 아즈텍 병사들은 천연두 바이러스에 노출된 적이 없었기 때문이었다. 결국 몇 주 만에 아즈텍 인구의 1/4이 죽었고 스페인 군대는 아즈텍 제국을 정복했다.

바이러스는 생물의 다섯 가지 특성(체제, 물질대사, 생장 증식, 자극 반응, 적응 진화)을 모두 갖추지 못해 엄격한 기준으로 보면 생물이 아니다. 바이러스는 숙주 생물 몸 밖에서는 입자 형태로 있다가 알맞은 숙주 세포를 만나면 증식하므로 생물과 무생물의 중간 단계로 본다. 증식 과정에서 빠르고 다양하게 변이가 나타나므로 지속적으로 백신과 치료제를 개발해야 한다.

바이러스의 대유행은 강력한 전파력에 기인한다. 숙주를 만나면 생명력을 띠는 바이러스의 전파는 숙주 간의 거리가 가까워져 격리 기작이 붕괴되면서 일어난다. 사회적 거리두기가 중요한 이유이다. 생물과 무생물의 중간체인 바이러스의 번성을 막는 길은 숙주 간 이동을 막는 마스크 착용과 충분한 거리두기에 있다. 지구 역사와 함께한 바이러스의 존재를 부정하기에 앞서 지금은 바이러스의 속성을 이해하고 전파를 차단하는 집중력을 발휘할 때이다.

한 탄 바 이 러 스
의학계 그랜드슬램을 달성한
이호왕 박사를 기리며

초록이 지쳐 단풍 드는 가을. 이맘때쯤 들리는 단골 소식이 단풍 행락 인파와 유행성출혈열 이야기다. 유행성출혈열은 쯔쯔가무시병, 렙토스피라증과 함께 가을 3대 발열 질환 가운데 하나이며, 초기 증상이 감기와 비슷하나 방치하면 합병증에 따른 사망률이 높다는 내용이다. 이와 함께 들려오는 또 다른 이야기는 노벨상 뉴스다.

해마다 이 두 소식을 겹쳐 들을 때면 나는 한탄바이러스와 이를 발견하고 연구에 매진한 원로 학자 이호왕 박사를 떠올린다. 유행성출혈열은 고열과 함께 장기에 출혈을 일으키는 바이러스로 발병하고, 1930~1940년대 만주와 러시아에서 유행하며 세상에 알려지기 시작했다. 그 뒤 한국전쟁 때 유엔군 3,200여 명이 이 질병을 겪었고, 중공군도 고통받은 것으로 알려지면서 '한국형출혈열'이라는 병명으로 세계의 주목을 받았다. 이 원인을 규명하고자 미국은 노벨상 수상자 2명을 포함, 연구자 230여 명을 투입해 우리나라에서 15년간(1952~1967) 연구에 몰입했지만 결국 병원체를 찾지 못하고 연구를 포기했다. 그러나 1976년 이호왕 박사가 연구 끝에 이 병원체의 정체를 규명했다. 이호왕 박사는 한탄강 유역의 등줄쥐에서 병원체를 추출, 이것이 세균이 아닌 새로운 바이러스라는 사실을 밝히고 한탄바이러스라는 이름을 붙였다. 이후 이 명칭은 속명으로 적용되었고 이 속에는 기준종인 한탄바이러스 외에 아무르바이러스, 서울바이러스 등 50여 종이 기록되었다.

연구진 가운데 8명이 감염되는 상황을 극복하고자 백신까지 개발했으니 병원체 규명, 진단법 수립 및 예방 백신 개발이라는 그랜드슬램을 달성해 세계 유일의 업적을 이룬 이 박사는 1976년 노벨 생리의학상 수상자인 가이듀섹의 추천으로 노벨상 후보에 오른 적이 있다. 우리 과학사

에서 노벨상에 가장 근접했던 한탄 이호왕 박사. 경기 북
부 소요산 자락에는 인류 보건에 기여한 이 박사의 업적을
기리는 기념관이 있다. 소요산 가을 단풍을 즐기고 하산하
는 길에 잠시 들러 보면 어떨까?

한타바이러스와 한탄바이러스. 관련 기사나 글을 볼 때 이를 혼용
하는 경우가 종종 눈에 띈다. 사실 이 두 용어는 의미가 다르다. 생
물과 무생물의 중간자 특성을 띠는 바이러스에도 생물 분류 체계
가 적용된다. 2016년 이전에 한타바이러스는 부니아바이러스과
(Bunyaviridae)에 해당하는 5개 속(Genus)의 하나로 구분되
었고, 한타바이러스속에 해당하는 여러 바이러스 중 대표적인 바
이러스가 한탄바이러스로 분류되었다. 2019년 이후 분류 체계
가 정비되어 한타바이러스는 독립적인 과(Hantaviridae)로 승
격, 분류되었고 이에 해당하는 7개 속 중 오르쏘한타바이러스속
(*Orthohantavirus*)에 한탄바이러스가 포함된다. 즉, 한타바이러
스는 한탄바이러스라는 종(Species)이 속한 상위 분류군을 의미한
다고 보면 된다.

2
1보다 강하고 소중하다

2

자연수 가운데 1과 자기 자신으로만 나뉘고 1보다 큰 수를 소수라 한다. 1과 소수를 제외한 나머지 자연수는 합성수라 불리며, 소인수 분해를 하면 모든 합성수는 소수의 곱으로 풀이된다. 따라서 소수는 모든 수의 근간을 이루는 자연수이며, 그 소수들 가운데서도 2는 으뜸이다.

세상엔 최고를 상징하는 1보다 강하고 소중한 2가 많다. 한 번 쓰면 방전되어 버려야 하는 1차 전지보다 방전과 충전을 반복하는 2차 전지가 훨씬 강하고 쓰임새도 많다. 1차 산물보다 2차 산물이 강한 예는 식물체 진화 과정에서도 찾아볼 수 있다. 일부 식물은 기초 대사 목적과 무관하게 몸을 보호하는 2차 화합물(타닌과 알칼로이드 등)을 생산해 자신을 공격하는 초식 동물을 퇴치한다.

또한 인류가 이룬 위대한 성공은 단 한 차례 시도로 이루어진 것이 거의 없다. 최초로 남극점에 도달한 노르웨이 탐험가 아문센은 남극점 도달에 앞서 남위 80도 지점에 보급품을 비축하고자 몇 달 동안 탐사를 거듭했다. 1911년 9월 1차 도전에 실패한 뒤 불굴의 의지로 그해 10월 2차 도전에 나섰고 원대한 목표를 달성했다.

2월, 졸업과 동시에 같은 도전을 반복해야 하는 젊은이들이 기억해야 할 것은 한 번 도전에 실패했다고 해서 좌절할 필요는 없다는 점이다. 일치하지 않는 점 두 개가 한 직선을 만들고, 겹치거나 꼬이지 않은 두 직선이 평면을 결정하므로 두 번째 도전을 걱정하지 않아도 된다. 자신만의 매력과 능력, 강한 의지로 마음을 추스르고 목표를 선명히 볼 수 있도록 내면의 창을 닦고 힘내자. 이 또한 곧 지나갈 테고 인생은 지금부터니까.

해마다 2월 초가 되면 중고등학교 졸업식을 필두로 초등학교 졸업식이 성황을 이루고, 말경에는 대학 졸업식이 이어진다. 이렇듯 2월 풍경은 마무리와 새로운 출발이 섞여 우리를 과거 시간 속으로 되돌리는 동화적 마력을 지닌다. 첫 번째가 아닌 두 번째라는 뜻인 '2'라는 숫자가 긴장을 풀어 주어서인지는 몰라도 졸업생이 아니라면 마음은 다소 여유롭다. 그러나 졸업생에게 2월은 희비가 뒤섞이는 혼돈의 시기이기도 한다. 다시 도전의 길을 걸어야 하는 졸업생에게 위로보다 더 큰 격려를 보낸다. 으뜸이고 최고를 상징하는 '1'보다 강하고 소중한 '2'가 세상엔 더 많이 있다고.

3

가장 안정감 있는 숫자

소설가 베르나르 베르베르는 다양한 작품에서 숫자에 대한 독특한 해석을 풀어놓기로 유명하다. 그는 소설집 『나무』에서 수의 신비를 열거하며 3은 대립하는 1과 2가 합쳐져 생긴 것으로, 입체성(부피)을 지닌 만물이 정반합을 거쳐 발전하는 것을 뜻한다고 했다. 숫자 3에 대해 익히 알려진 바와 크게 다르지 않은 듯하다. 세발자전거와 삼발이가 주는 안정감, 사는 동안 주어진다는 세 번의 기회, 삼세판 결정 등이 정반합 철학을 어느 정도 담고 있기 때문이다.

우리 몸에도 3의 오묘한 이치가 숨어 있다. 귓속 감각기관으로 몸의 회전, 가속을 감지하는 반고리관과 산소를 얻고 이산화탄소를 배출하는 허파(폐)에서 찾을 수 있다. 반고리관은 림프액이 들어 있는 반고리관 3개가 서로 직각을 이루어 세 평면에 놓여서 운동 방향, 회전 운동, 가속도의 크기를 감지한다. 풍선 형태가 아니라 스펀지 형태인 허파에서 오른쪽 폐는 상중하 3개 폐엽으로 이루어져 폐엽 하나가 기능을 잃더라도 나머지 둘이 기능을 유지할 수 있다.

우리 삶을 관통하는 속담에도 숫자 3은 자주 등장한다.

"삼 년 가뭄에는 살아도 석 달 장마에는 못 산다", "서당 개 삼 년이면 풍월을 읊는다", "세 사람만 우겨 대면 없는 호랑이도 만들어 낼 수 있다" 등. 그리고 정치에서는 삼두정치, 종교에서는 삼위일체라는 말도 있다.

게다가 3월은 새해가 시작되는 1월을 맞을 때보다 설렌다. 새 학기가 시작되고, 생명의 기운과 따스함이 느껴지는 경칩과 춘분이 있기 때문일까? 뭔가 삼삼한 일이 다가올 듯한 기대감 때문일까?

인류의 가장 위대한 발명품인 숫자는 사물을 세거나 헤아린 양과 크기, 순서를 기록하고자 만들어진 것이나 각각의 숫자가 지니는 의미와 느낌은 다양하다. 이 중 3은 안정적 균형감을 주는 면에서 그 쓰임새가 많은 듯하다. 시간도 과거, 현재, 미래 세 가지로 구분하고, 행동이나 상태의 주체와 화자의 관계를 설명하는 언어학적 인칭도 1, 2, 3인칭으로 구분함이 그러하다.

신기함도 있다. 3의 배수는 자릿수를 거꾸로 써도 3의 배수이며, 각 자릿수를 다 더한 값 역시 3의 배수가 된다. 한 가지 좀 억지스런 의미를 부여하자면 우리가 사는 지구가 태양계의 3번째 행성이니 자연수 3에는 오묘한 재미가 있다 할 수 있지 않을까.

사회 읽기

생태학으로 세상 읽기

눈 물

때로는 닦아 주는 것이 아니라 보듬는 것

우리 역사 속 6월은 뜨거운 몸짓을 담고 있다. 멀지 않은 과거, 일제에 항거한 6·10 만세 운동이 일어났으며, 잔혹한 한국 전쟁이 발발하기도 했다. 가깝게는 일명 넥타이 부대가 주도한 6월 민주 항쟁도 있었다. 모든 생명체에게 가장 우선되는 전략은 삶을 최대한 오래 유지하면서 자기 유전자를 안정적으로 남기는 일이다. 그런데도 열사, 의사가 짧은 삶을 선택해 얻고자 했던 것은 왜곡되지 않은 자신, 본래 모습의 나라다.

그래서 6월을 지배하는 분위기는 애도다. 가슴으로 우

는 이 땅의 수많은 이웃은 소리 없이 마른 눈물을 흘린다. 슬픔이라는 감정이나 자극으로 분비되는 눈물은 눈물샘이 있는 육상 척추동물에서만 나타나는 독특한 현상이다. 사람은 눈꼬리 윗눈꺼풀 뒤에 있는 눈물샘에서 분비된 눈물이 눈 안쪽 모서리로 모이고, 다시 붉은색 작은 덩어리인 눈물언덕을 지나 위아래 눈물점을 통해 코로 나온다. 이 과정에서 눈물은 윤활, 세척, 항균 작용을 하며 눈을 보호하고 혈관이 없는 각막(까만 눈동자의 표면)에 산소와 영양분을 공급한다. 이런 복합 기능은 눈물이 수분 98.2%, 단백질 0.4%, 염화나트륨 1.3%, 아주 양이 적은 탄산나트륨, 인산염, 지방 등을 함유하는 약알칼리성 액체라서 가능하다. 이처럼 자연스럽게 분비되는 눈물이 '기본(basal) 눈물'이다.

이와 달리 양파나 최루 가스 같은 자극에 반응해 분비되는 눈물을 '반사(reflex) 눈물'이라 한다. 갑작스러운 자극이 눈에 가해질 때 흐르는 눈물로서 강한 햇빛이나 매운맛 등 때문에 흐르는 것을 포함하는 고통의 눈물이기도 하다. 또 다른 종류는 슬픔, 기쁨, 분노 등으로 분비되는 '정서(emotional) 눈물'이다. 감정 상태에 반응해 많은 정서 눈물을 흘릴 때 함께 오는 행동이 바로 울음이다. 눈물은 감각신경, 안면신경, 부교감신경이 복잡하게 작용하며 분비되기 때문에 외부 자극에 따라 양도 달라진다.

생후 3개월 이전 신생아는 눈물샘이 있으나 아무리 울어도 눈물이 나지 않는다. 그러기에 마른 눈물은 닦아 주는 것이 아니고 보듬어 줘야 한다. 마른 눈물을 흘릴 이들을 생각하며 6월에.

삶과 죽음의 간극을 메우는 눈물은 신의 세계나 인간 영역에서 비슷한 듯 다르다. '새벽의 여신' 에오스가 아들을 잃고 흘린 눈물은 아침 이슬이 되어 지상의 모든 것을 적셨지만, 가슴으로 우는 이 땅의 수많은 우리 이웃은 소리 없이 마른 눈물을 삼킨다. 굴곡진 우리 근대사에서 6월만큼 눈물을 많이 흘리는 달이 또 있을까 싶다. 수많은 열사와 의사 그리고 유족과, 일제 강점기와 한국 전쟁을 겪으면서도 뜨거운 교육열로 헌신한 앞선 세대의 모든 어버이께 위로와 감사의 마음이 커지는 6월이다.

낙하산과 패러글라이딩

하늘에서도 땅에서도
그 차이는 비슷하다

뜨거운 한여름이 지나고 조석으로 부는 9월의 가을바람은 참으로 고맙다. 더욱이 여러 가지 사정으로 야외 활동이 제한적인 여름을 뒤로하고 맞는 가을이 오면 싱그럽고 상큼한 바람과 이를 즐길 수 있는 다양한 야외 활동에 대한 기대감이 커진다. 가을바람을 가르고 파란 하늘 높이 날아가을 정취를 한껏 느낄 수 있는 패러글라이딩을 보면 여름철 느낀 갈증을 날려 버릴 수 있을 듯하다.

패러글라이딩은 패러슈트(낙하산)와 행글라이딩의 합성어로 1980년대 프랑스 등산가가 등정 뒤 빨리 산을 내려오고자 고안했다. 낙하산 원리에 행글라이딩 비행술을 합해 만든 비행 기구로 전문성을 요한다. 방향 조작이 우수하고 기류를 이용해 상승, 하강할 수 있으며 초속 1~5m 바람에 몸을 실어 활공과 체공을 조절할 수도 있다. 20~40km/시간으로 날며 이륙 고도 10m당 40~60m를 비행하는 활공비 원리가 적용된다.

반면 공중에서 물체나 사람을 내려보내는 데에 쓰는 우산 모양 기구 낙하산은 낙하 물체 중량에 작용하는 중력과 우산 모양 산에 형성되는 부력의 상호 작용으로 속도가 결정되어 떨어진다. 위에서 아래로만 이동하는 낙하산은 초기에는 속력이 증가하고, 공기 저항과 작용하는 중력이 같아지는 순간부터는 6m/초 등속으로 낙하한다. 지름 2mm인 빗방울 낙하 속도(7m/초)보다 조금 느린 값이다. 속도와 방향을 조절할 수 있는 패러글라이딩과 비교하면 조작성이 매우 낮고 상승 활공은 불가능한 중력바라기다.

이런 낙하산 속성은 공공 기관 낙하산 인사의 문제점에도 그대로 투영된다. 아래로만 이동하는 단방향성은 상승과 하강이 있는 활공성 부재를 뜻하고, 이는 직무를 수행할 때 뚜렷하게 낮은 창의성과 비전문성으로 드러난다. 또한 중력바라기 속성은 권력바라기로 채색되어 버린다. 처음에는 비행기 탑승자용 구명 장비로 쓰인 낙하산이 점차 적극적인 강하, 투하용으로 변질된 것도 무척이나 비슷하다. 어느 일간지의 "단언컨대 '좋은' 낙하산은 없다"라는 사설 글귀를 접하고 창의성과 전문성을 지닌 '패러글라이딩 인사'가 그리워졌다면 너무 순진한 생각일까?

새로운 정부의 출발과 함께 공직자와 주요 공공 기관의 인사가 시작된다. 구관이 명관이라지만 모든 기관의 구성원들은 전임자보다 훌륭한 인사가 이루어져 소속 기관이 더욱 나은 방향으로 발전하고 개선되길 희망한다. 보통 3년이 주어지는 공공 기관장의 역할이 제한적일 수는 있으나 기관장은 조직 구성원의 목소리에 귀 기울이고 국민이 원하는 공공성 향상에 전력을 다해야 한다. 그러나 불행하게도 낙하산 인사에 대한 우려의 소리가 반복적으로 등장한다. 길다면 길고 짧다면 짧은 3년이란 시간은 전문성, 소통이나 기관 운영 능력이 부족한 낙하산 인사가 등장하는 기관에서는 추락하기에 충분한 시간이다.

원전

후쿠시마와 체르노빌의 목소리

2011년 3월 11일. 일본 동북부 지방을 강타한 규모 9.0 강진과 쓰나미로 후쿠시마에 있던 원자력 발전소가 붕괴되었다. 미국 GE사가 1970년대에 건설한 원자로 6기 가운데 3기는 가동 중이었고 나머지는 점검 중이었다. 대지진과 쓰나미로 전기가 끊기면서 원자로 냉각 장치가 작동하지 않아 4기 원자로에서 수소 폭발이 일어났고, 다량의 고준위 방사성 물질이 대기와 해양으로 방출되었다. 인명 피해 규모는 뚜렷하지 않으나 2015년 기준으로 1,300여 명이 죽은 것으로 알려졌다.

1986년 4월 26일. 우크라이나 북서부 도시 체르노빌에 있던 원자력 발전소는 구 소련식 원자로 6기로 계획되어 당시 4호기까지 준공해 가동 중이었다. 운전 사고가 발생한 원자로는 5개월 된 4호기로 노심이 여러 차례 폭발했고, 붕괴된 원자로 뚜껑 위로 떨어진 크레인이 노심을 완전히 파괴해 20세기 최악의 방사성 물질 유출 사고를 일으켰다. 사고 당시 31명이 죽고 5년 동안 7,000여 명이 죽었으며 70여 만 명이 치료를 받았다.

국제 원자력 사고 등급 가운데 가장 심각한 수준인 7단계를 기록한 원전 사고는 체르노빌과 후쿠시마 둘뿐이다. 가장 치명적인 사고였다는 공통점이 있지만 사고 뒤 대처는 정반대다. 체르노빌 원자로는 단계적으로 폐쇄되어 2000년 발전소가 영구 폐쇄되었다. 반면 일본은 사고 직후 원전 제로를 선언하고 잠시 원전 가동을 중지했으나 2012년, 아베 정권은 원전 재가동 정책을 추진했다.

후쿠시마 진실을 돌아봐야 하는 이유는 그 영향이 만성적이고 치명적인 동시에 전 지구적이기 때문이다. 우크라이나 출생으로 2015년 노벨문학상을 받은 스베틀라나 알렉시예비치는 그의 책『체르노빌의 목소리』에서 원전 사고가 얼마나 치명적인지, 그 사고를 잊는 일이 얼마나 위험한지를 환기시킨다.

후쿠시마 지역 미성년자 갑상선암 발생률이 다른 지역의 12배에 달한다는 국제환경역학회(ISEE) 경고에도 일본 정부는 그 결과가 원전 사고와 무관하다고 대응한다. 우리나라 원전은 2011년 21기에서 2016년 25기로 늘어났고, 한때 월성 1호기와 고리 4호기는 수명이 연장되어 재가동되거나 안전성에 논란이 인 바 있다. 원전 위험성에 대한 망각을 경계하고 타산지석의 지혜를 모아야 한다.

최근 들어 에너지 정책은 탈원전, 신재생에너지 중심으로 전환되었다. 우리나라 원전은 2020년 건설 중인 시설을 포함하면 2026년 26기가 되는데, 정부는 2034년까지 이를 17기로 줄이기로 했다. 또한 노후 원전의 수명을 연장하지 않고, 2023년부터 고리 2호기를 시작으로 원전 11기를 폐쇄하기로 결정했다. 이에 앞서 고리 1호기와 월성 1호기는 각각 2017년, 2019년에 영구 폐쇄되었다. 반면 2020년 고리 4호기는 재가동(임계)이 승인되었다. 25년 간격으로 벌어진 체르노빌과 후쿠시마 원전 대참사가 주는 교훈을 무겁게 새겨야 한다.

설 악 산   케 이 블 카

진정한 선진국이란 무엇인가?

한반도 및 그 부속 도서로 정의된 우리나라 국토에 분포하는 산은 대부분 2,000m 이하로 높지 않다. 고산은 백두산(2,750m)을 필두로 관모연산(2,541m), 북수백산(2,522m), 차일봉(2,506m), 운수백산(2,476m) 등 대부분 북한에 있다. 남한 최고봉은 한라산(1,950m)이며, 그 뒤를 남한 내륙에서 가장 높은 지리산(1,915m)이 잇는다. 1,500m 이상 고산이 12개에 불과한 남한 지역 내 세 번째로 높은 설악산(1,708m)이 2015년 이후 오색 케이블카 설치 관련 논쟁으로 시달리고 있다.

개발과 보전이라는 갈등 문제에는 우리 사회를 지배하는 구시대적 환경관이 원인으로 작용한다. 지금 우리의 환경관은 자연을 인간과 별개인 동시에 정복해야 하는 대상 그리고 무한한 자원을 제공하는 공급자로 보는 관점이다. 이런 환경관은 급격한 인구 증가에 따른 환경 파괴를 정당화하는 도구로 활용되어 왔고, 이에 따른 피해는 고스란히 인류 몫으로 돌아왔다.

인간은 자연의 일부로 자연을 정복할 만큼 우월하지 않고, 지구는 자원이 한정된 시스템이라는 인식에서 출발하는 새로운 환경 윤리관을 정립해야 한다. 생태계 건전성을 유지하면서 현재와 미래 세대 모두가 만족할 수 있는 자연 자산을 준비할 수 있는 관점이어야 한다. 또한 환경 문제는 생물적, 물리적 사항과 사회적, 경제적 요건을 함께 다루어야 하는 문제이니만큼 기술적으로 해결할 수 없는 한계와 불확실성이 있다는 것을 인정하는 지속 가능한 환경관이어야 한다.

선진국을 어찌 단순히 경제주의에 입각한 1인당 소득 수준으로 정의할 수 있는가? 악기 하나 정도는 다룰 수 있는 문화주의, 자연 자산의 무한 가치를 인정하는 생태주의, 사회 약자를 보호하고 함께 나누는 복지주의가 함께 어우러질 때 진정한 선진국이라 할 수 있으리라. 틈만 나면 케이블카 설치 문제에 휩싸이는 설악산이 이런 선진국의 명산으로 남기를 바란다. 무한 가치를 인정하지 않고 화폐 가치만으로 설악산을 보는 설익은 시각을 경계한다.

남한 지역 서열 3위의 높은 산, 올림픽으로 치면 동메달리스트이다. 그 자체만으로도 원형을 보호해야 할 가치가 충분한 한반도 자연 자산이다. 오색 케이블카 설치에 관한 지난한 찬반 논쟁에서 아직도 벗어나지 못한 설악산을 생각하면 생태·문화·복지가 어우러진 선진국의 길이 참으로 멀구나 싶다. 대체 언제가 되어야 토건 중심의 개발보다는 보전 중심의 지속가능 발전계획이 지역에 도움이 된다는 점을 깨닫게 되는지. 슬픈 독백을 거듭해 본다.

상 수 도   민 영 화
21세기 김선달

민영화란 국가나 공기업 재산을 민간 자본에 매각하고 운영을 민간에 맡기는 것을 말한다. 그러나 물은 가장 오래된 공공재인지라 세상 어디에도 강이나 하천을 소유한 개인이나 기업은 없다.

선진국이 천문학적 비용을 들여 우주선이나 탐사선을 다른 행성으로 보낼 때 최우선으로 부여하는 공통 임무가 하나 있다. 물이나 얼음 흔적을 찾는 일이다. 외계의 물과 얼음에 대한 궁금증을 풀고 싶어서가 아니고 생명 존재 가능성을 파악하려는 것이다. 물은 모든 생명의 기원이자 생명 유지에 근간이 되기 때문이다.

물이 생명인 이유는 물 분포에 따라 인류의 생존 영역이 설정되고, 삶을 유지하는 데에 필요한 영양분을 물 순환으로 얻을 수 있기 때문이다. 그런데 이보다 더 간단하고 뚜렷한 근거는 갓 태어난 아이가 배우지 않고도 본능적으로 수영을 할 수 있다는 사실로 물이 우리 삶에 연계된 물질 이상이라는 것을 알 수 있다. 맑은 공기를 마실 권리를 누구도 제한할 수 없듯, 생존에 꼭 필요한 물을 마시는 것 역시 제한할 수 없다. 따라서 물 접근권은 우리가 인간다운 삶을 지탱하는 데에 필요한 기본권으로 다루어야 한다.

상수도 영역 민영화는 세계적으로 성공한 사례를 찾기 힘든 정책으로 요금 폭등, 비위생적 물관리, 물 사유화에 따른 사회 혼란 같은 많은 문제를 일으켰다. 물을 공공재가 아닌 욕구재로 보았기에 실패한 정책이다. 깨끗한 물이 가져다주는 생명, 건강, 존엄은 남녀노소, 빈부와 상관없이 누구에게나 보장되어야 한다. 누가 민영화라는 이름의 21세기 김선달을 용인할 수 있을까? 물은 무엇이고 누구의 것인가. 물은 모든 국민 소유의 공동 자산이고 역사상 가장 오랜 공공재이다.

2008년 이후 2016년까지 잊을 만하면 수면 위로 떠올라 논쟁을 불러일으킨 사회적 이슈가 공공 영역의 민영화였다. 그 끝자락에 수돗물 민영화 문제가 뜨겁게 달아오른 바 있다. 누구에게나 절대적으로 필요한 물, 그러기에 마을 공동체의 중심에 우물이 있었고, 나그네에게도 넘쳐 나는 인심으로 물이 전해졌다. 물이 가장 오래된 공공재라는 것을 새삼 강조해 무엇하랴. 조선 후기 배경의 설화 등장인물인 봉이 김선달이 개인 소유를 주장하며 대동강과 그 물을 판 일화에 헛웃음을 짓는 연유도 여기에 있으니. 국가는 모든 국민의 보편적 물접근과 물평등, 물정의를 위해 책무를 다해야 한다. 공공재 관리에 민간 자본이 스며들게 하는 것은 국민에 대한 예의도 도의도 아니다.

조 류 독 감

콜럼버스의 달걀이 필요하다

조류독감은 주로 닭, 오리, 철새 등의 조류에 발병하는 전염성 호흡기 질환이다. 사람에게 전염될 가능성은 낮으나 감염 시 치사율이 상당히 높다고 알려져 있어 긴장해서 관리해야 하는 질병이다. 우리나라에서는 지난 2004년과 2006년에 발생하기 시작해 2014년부터 2018년까지 매년 발생했고 그로써 입은 경제적 타격이 적지 않았다.

특히 우리나라 양계업과 국민 살림을 강타한 2016년도 조류독감은 'A형 고병원성 H5N6형'이다. 이름 뜻을 이해하면 이 바이러스가 어떤 병원체인지 아는 데에 노움이 된다. 이름에 쓰인 알파벳 H와 N은 헤마글루티닌(Hemagglutinin)과 뉴라미니다아제(Neuraminidase)의 첫 글자로 바이러스 외각에 있는 당단백질 종류를 뜻하고 숫자는 발견된 순서다.

관심 갖고 살필 부분은 'A형 고병원성'이다. 독감을 일으키는 원인체인 인플루엔자 바이러스는 A, B, C형으로 나뉘고, 이 가운데 A형은 변이가 가장 빠르게 일어나는 종류다. '고병원성'이란 전염 속도가 빠르고 치사율이 높다는 뜻이고, 사람에게는 전염되지 않는 '약병원성'이나 '비병원성'과 달리 사람에게도 위험하다. 결국 조류와 연관된 사람에게 감염될 수 있고 치사율이 높으며, 비록 사람 간 전염성은 낮으나 변이가 빠르게 나타나 장래에 우리를 위협할 수도 있는 바이러스라는 뜻이다. 실제로 2014년 중국에서 발생한 H5N6에 16명이 감염되었고 그중 10명이 죽었다.

조류독감 원인을 철새에 전가하는 것은 바람직하지 않다. 매년 또는 격년으로 발생하는 병원체가 토착했을 가능성이 있고, 집단 폐사에 이를 확률이 높은 공장식 밀집 양계 방식도 영향을 미쳤을 수 있다. 피해를 예방하는 효과적인 방법은 백신 사용이다. 그러나 업계는 주저한다. 백신을 쓰는 순간 청정국 지위를 잃게 되며, 가금류 수출에 부정적 영향을 미치기 때문이다. 수출 경제, 국민 경제와 서민 살림, 무엇이 먼저인가? 콜럼버스의 달걀처럼 용기 있는 결단이 필요하다.

조류독감이 발생하면 철새가, 아프리카돼지열병이 발생해 피해를 입으면 멧돼지가 수난이다. 닭과 돼지는 저렴하고 국민 모두가 즐기는 중요한 단백질 공급원이니 경제적으로나 서민 생활 안정성 측면에서 시급한 방제 방역은 매우 중요하다. 그러나 이런 질병을 방제하고자 야생동물 수를 제한하는 방식이 최상인지 되묻고 싶다. 과밀한 양계 · 양돈 시설, 미진한 방역과 낙후된 위생 등 축산 방역을 개선하고자 우선적으로 풀어야 할 난제에 우리 사회는 얼마나 많은 시간과 비용을 투자하고 있는지 곰곰이 생각해 봐야 한다.

비 만
지나침은 미치지 못함과 같다

공자의 가르침을 담은 『논어』 선진 편에 실린 내용이다. 언어 능력이 뛰어난 제자 자공이 공자에게 "외향적이고 출세에 관심이 많은 자장과 문학이 출중하나 소극적인 자하 가운데 누가 더 현명하냐"고 묻자 공자는 "자장은 지나치고 자하는 미치지 못한다"고 답했다. 자공이 다시 "그럼 자장이 낫느냐"고 묻자 공자는 "과유불급", 즉 지나침은 미치지 못함과 같다고 답했다.

오늘날 사회 문제로 부상한 과체중이나 비만은 바로 이 가르침과 직결되는 사항이다. 세끼를 충족하는 삶을 누린

지 1세기도 되지 않은 인류가 원치 않는 여분의 살과 전쟁을 벌여야 하는 것은 지나친 영양분 공급 때문이다. 모든 생명체는 삶에 필요한 에너지를 얻고자 영양분을 필요로 한다. 몸속에서 발생하는 에너지를 열량이라고 하며 킬로칼로리(kcal)라는 단위로 표기한다.

보통 성인에게는 하루에 2,500kcal 안팎 열량이 필요하며 이 열량은 탄수화물, 단백질, 지방 섭취로 채워진다. 활동량이 적어 공급된 에너지를 모두 소비하지 못하거나 열량을 지나치게 많이 공급하면 불균형으로 몸무게가 늘어난다. 섭취한 음식 가운데 탄수화물과 단백질은 1g당 4kcal, 지방은 9kcal 정도 열량을 몸속에서 발생시키므로 지방이 비만의 주된 원인으로 작용한다.

섭취한 지방은 십이지장에서 쓸개즙, 이자액에 반응하고 소화 효소로 글리세롤 1개와 지방산 3개로 분해된 뒤 소장에서 흡수된다. 흡수된 글리세롤과 지방산은 심장으로 이동한 뒤 온몸으로 퍼져 에너지원으로 쓰이고 남는 양은 간이나 결합 조직 일부인 지방 조직, 근육 사이에 쌓인다. 이 과정이 반복되면 살이 찌고 지나치면 비만에 이른다. 열량의 불균형적 공급과 소비로 유발된 비만을 치료하려면 우선적으로 행동 요법이 고려된다. 이는 식사량을 줄이고 운동량을 증가시키는 것이지만 지나친 영양분 공급을 조절하는 것이 치료의 핵심이다.

지나친 영양분 섭취로 불어나는 내 몸도 문제지만, 과도한 영양 염류 공급과 수온 상승으로 나타나는 녹조 등 하천의 부영양화에 따른 비만 현상도 주기적으로 발생해 문제다. 하천도 건강한 생태계를 유지하고자 에너지인 영양분을 필요로 한다는 점에서 하나의 생명체이다. 하천의 건강성을 치료할 행동 요법이 필요한 때이다.

계절을 달리하며 미세 먼지와 녹조로 말미암은 환경 문제가 반복되고 있다. 이들 모두 미세 입자의 과다 발생, 질소 및 인의 과도한 유입 등으로 유발된다. 지나친 유입을 줄이는 것이 최상의 방법이다. 유입을 줄이려는 실천적 행동 요법을 우선적으로 고려하지 않는다면 문제 해결은 지난한 일이 될 것이다. 환경 오염 문제가 비만과 같은 원리로 작동되는 것을 생각하면 문제 해결에는 과감한 실천적 행동이 필요하다는 것을 이해할 수 있지 않을까.

태양 에너지

넘치게 갖고도 쓰지 못하는 에너지 화수분

에너지 생산과 소비 문제가 경제 문제로 불거지는 것을 보면 우리가 에너지를 이용하는 데에 빈틈이 많았나 싶다. 사실 인류는 지구에 등장한 이래로 근본 에너지원인 태양을 제대로 이용해 본 적이 없으니 에너지 문제는 애초부터 있었을지 모른다.

태양은 인간에게 필요한 양보다 훨씬 많은 에너지를 지구로 보내 준다. 태양처럼 세계 어디서나 쉽게 접할 수 있고 가능성이 무한한 에너지원은 찾아보기 어렵다. 그런데도 인류는 여전히 태양을 충분히 활용하지 못한다. 태양이 지구에 쏟아 붓는 에너지 양은 인류가 쓰는 전력량의 약 6,000배에 달하는데도 이를 활용하지 못하는 이유가 기술력 부족일까? 아니다. 지금 기술만으로도 태양에서 인류에게 필요한 전력의 수십 배를 생산할 수 있다는 것이 전문가들의 분석이다.

모든 재생 에너지원으로 생산 가능한 전 세계 전력량은 약 98만 테라와트시(TWh)로 추정한다(1테라와트시=100만 메가와트시). 이 가운데 태양 에너지원은 약 75만 TWh로 전체의 77% 정도를 차지한다. 2018년 기준 인류가 생산, 소비한 전력량이 2만 2,315TWh이니 태양 에너지원만으로도 우리가 소비하는 에너지의 약 3/4배에 이르는 양을 생산할 수 있다.

이런데도 환경 위기의 근원인 화석 연료 소비에 의존한 에너지 체계를 벗어나지 못하는 이유는 친환경 수소 자동차가 휘발유나 경유 자동차를 대체하지 못하는 이유와 같다. 즉 태양 에너지 중심으로 체제를 전환하는 데에 드는 시설 비용이 화석 연료를 계속 쓰는 것보다 비싸다는 경제 논리가 앞서기 때문이다.

흐린 날이 많아 우리나라보다 지표면에 도달하는 태양 복사 에너지 수준이 한 등급 아래인 독일은 태양 에너지 생산 전력이 우리의 수십 배에 이르며 세계 최대 태양 에너지 생산국이 되었다. 에너지 이슈를 경제 논리로 따지지 않고 환경과 사회 가치를 고려한 합리적 논리로 풀었기 때문이다.

공기업 민영화 이슈가 등장할 때마다 물, 전기, 공항 등은 단골 메뉴가 되었다. 사기업이 운영하는 민영화는 궁극적으로 이윤을 추구하는 기업 속성에서 자유로울 수가 없다. 그러므로 경제 가치를 우선시하는 방향으로 제도를 운영하게 된다. 그러나 경제 제일주의적 사고와 세계관을 극복하지 못하면 환경, 사회, 경제 3개 영역이 균형을 이룰 수 없고 결국 지속 가능하고 조화로운 발전도 이룰 수 없다. 경제 논리만을 앞세운 전력 민영화에 앞서 사회 환경적으로 수용 가능한 에너지 체계 개편을 합의해야 하는 이유이다.

음 식 물 쓰 레 기
아끼면 자원, 늘리면 재앙

2019년 우리나라에서 도축된 닭은 약 11억 2,000만 마리다. 총 인구를 약 5,000만 명이라 할 때, 한 사람이 1년에 22마리 정도를 소비한 셈이다. 그러나 소비에는 낭비가 따르는 법, 공원에 버려진 치맥 잔해를 보면 마음이 불편해진다. 지구 전체에서 버려지는 음식물 또한 소비량 못지않게 많으리라 추측할 수 있기 때문이다.

유엔식량농업기구(FAO)에 따르면 인류 소비를 목적으로 생산된 음식물의 약 1/3이 버려지고 그 양이 연간 13억 톤에 이른다고 한다. 이 중 절반이 서구화된 일부 선진국에서 나오고 나머지 국가에서 절반이 발생한다. 음식물 쓰레기 발생량은 선진국과 그 외 국가가 비슷하지만 종류가 달라 돈으로 환산하면 엄청난 차이가 난다. 2016년 기준 선진국에서 낭비하는 음식물의 가치는 약 765조 원으로 개도국의 349조에 비해 2배가 넘는다. 당해 연도 우리나라 1년 예산이 387조 정도이니 그 규모가 얼마나 크고 피해가 막심할지 짐작이 간다.

2045년 세계 인구는 90억에 이르리라 예상한다. 수치로는 단순히 20억이 느는 것이지만 먹고 사는 문제에서는 셈법이 간단치 않다. 전문가들은 식습관이 서구화되며 바뀐 소비 패턴, 한정된 경작지와 용수 고갈, 기후 변화 등을 고려할 때 식량 생산량을 2배 이상 늘려야 기근을 피할 수 있고, 그러려면 작물 개량과 고효율적인 농축산 기술 개발과 더불어 음식물 쓰레기를 줄여야 한다고 지적한다.

유엔식량농업기구는 지금 낭비되는 음식물에서 1/4만 줄여도 8억 7,000만 명을 기아에서 구제할 수 있다고 한다. 음식물 쓰레기를 줄이는 일이 환경 문제 예방 차원을 넘어 전 세계 기아 문제를 해결하고 미래에 대비하는 첫걸음인 셈이다.

인류가 하루 세끼를 충분히 먹게 된 것은 실제 얼마 되지 않은 일이다. 20세기 중반에 이룬 녹색 혁명 이전에는 우리도 온전한 세끼를 누리지 못했다. 유엔식량농업기구 자료에 따르면 70억 중반에 이르는 인구 중 11.3%가 영양 결핍으로 고통받고 있고, 아프리카에서는 20.5%에 달한다. 건강한 삼시 세끼가 해결된 나라에서 산다는 것은 큰 축복이다. 많은 자유에 더 많은 의무가 부여되듯 음식물 쓰레기를 줄이고 효율적으로 재이용하는 데에 책임감을 지녀야 한다.

물 불 평 등

인간의 기본권을 뒤흔들다

근대화 이전에는 우리나라 어느 마을에나 공동 우물이 있었다. 그곳에는 극심한 가뭄에도 고갈되지 않는 맑은 물과 평등한 공유 문화가 있었다. 그러나 아쉽게도 근대화 바람에 우물은 사라졌고, 이제 농어촌 대부분 가정도 상수도를 이용한다. 그렇다고 해서 물이 풍족해지지는 않았다. 논란의 여지는 있으나 유엔과 경제협력개발기구(OECD)는 우리나라를 물 부족, 물 스트레스 국가로 분류한다.

세계적으로 맑은 물 확보 문제는 날로 심각해진다. 월드워치연구소는 "물 희소성은 이 시대 지구에서 가장 피하고 싶은 도전"이라 언급한 바 있다. 지구 물의 양은 일정한데 무슨 까닭에 물이 부족할까? 전문가들은 산업화에 따른 지표수 오염과 무역 제품에 포함된 물(가상수) 교역 증가가 그 원인이라 지적한다. 이에 따른 지구적 고민은 물 사용에서 나타나는 불평등 심화다.

북미의 1인당 하루 물 사용량은 600 *l*에 이르는 데에 반해 아프리카는 6 *l*에 불과하다. 또한 선진국 신생아의 물 사용량은 빈곤국 신생아 사용량의 50~70배에 이른다. 심각한 물 평등권 격차를 해소하는 일과 물 부족으로 고통받는 약 14억 인구에게 물을 공급하는 일이 현재 인류에게 대두되는 문제다.

남아프리카공화국 강의 약 80%는 오염이 심화되어 많은 여성이 깨끗한 물을 찾아 먼 거리를 헤맨다. 이들이 하루 동안 물을 길러 다니는 거리를 합하면 지구에서 달까지 무려 16번을 왕복할 수 있는 거리와 맞먹는다.

물을 재화로 보는 거대 물기업들의 상업 행위로 많은 개도국에서는 물을 제대로 공급받지 못하고 이로써 분쟁이 야기되는 것이 현실이다. 물은 공공재이며 평등한 물 접근권은 인간의 기본권이다. 따라서 모든 국가는 이를 근간으로 관련 정책의 방향성을 설정해야 한다.

"단지 물을 얻기 위해 연못에 가는 것이 아니라 기다리는 친구들과 꿈이 있어서 가는 것"이라는 아프리카 지역의 격언을 접하며, 과거 우리 공동체 문화가 깃든 우물가도 그러했지 라는 생각과 함께 사람이 살아가는 모습은 인종 간 차이가 없구나 싶다. 우리 생태에는 이렇듯 값으로 따질 수 없는 소소하지만 중요한 것들이 담겨 있다. 화폐 가치로 따질 수 없는 것은 누구나 평등하게 접근하고 공유할 수 있어야 한다. 공유 가치가 중요한 물의 소중함이 이러하다.

GDP 이제는 '양'이 아니라 '질'을 따져야 할 때

경제성장률은 국내총생산(GDP)의 연간 신장률로서 작년 GDP와 비교해 올해 GDP가 얼마 증가했는지를 보여 주는 수치다. 흔히 한 나라가 잘사는지 못사는지를 알아보는 데에 쓰는 지표 GDP는 한 나라에서 1년 동안 생산된 모든 물건과 서비스의 화폐 가치를 더한 값이다.

생산물의 화폐 가치는 소비자에게 판매되는 최종 생산물 가격으로 결정되며, 시장에서만 거래된 생산물을 대상으로 삼기에 시장을 거치지 않고 거래된 생산물은 GDP에 반영되지 않는다. 또한 GDP는 생산물의 의미가 좋든 나쁘든 고려하지 않고 시장에서 소비자가 지불한 돈의 총합으로만 계산한다.

화석 연료를 과도하게 써서 대기 질을 오염시켜도 정유사가 가공 판매한 석유 제품(휘발유, 경유 등)의 가치만큼 GDP는 증가한다. 화석 연료 기반의 자동차 판매량도 마찬가지다. 대기 오염으로 호흡기 질환과 안구 질환이 증가해도 마스크 판매량이 늘고 의료비가 증가하면 GDP는 상승한다. 사회 범죄가 증가해 전기 충격기와 개인용 호신기가 많이 소비되어도 GDP는 올라간다. 국민 건강을 해치는 소주와 담배 생산량이 늘고 시장 소비가 배가되면 GDP는 높아진다. 그러므로 GDP 수준이 높다고 국민 생활의 질이 높다고 할 수는 없다.

주 5일제 도입은 충분한 휴식과 여가 활동을 가능케 해 국민의 행복감과 삶의 질을 향상시키지만 GDP에는 부정적이다. 시장에서 거래되지 않는 주부의 가사 활동이나 자원봉사 가치는 물론 다양한 생태계 서비스 가치 역시 GDP 계산에서 제외된다. 즉, 가격으로 매길 수 없는 무형 가치는 고려되지 않는 것이다. 따라서 GDP를 올리려면 숲을 밀어내고 산과 해안을 개발하면 된다.

또한 GDP는 국민 간의 빈부 격차를 제대로 반영하지 못한다. 따라서 여기에 집착하면 부의 편중이 심해지고, 부의 정당한 재분배에 소홀할 수 있다. 대안 경제학자 앤더슨은 "GDP 지표에만 의존하는 국가 경영은 특정 계기판 하나에만 의존해 점보 여객기를 조종하는 것과 같다"고 말했다. GDP 기반의 경제성장률에 집착한 무리한 개발로 우리 산하가 고통받지 않기를, 돈이 인생의 전부가 아님을 알 수 있도록 환경과 복지 정책을 강화하기를, 그래서 우리 삶의 질이 높아지기를 바란다.

인도와 중국 사이의 히말라야산맥 지대에 위치한 인구 75만의 작은 나라 부탄. 이 나라의 국가성장지표는 GDP나 GNP가 아닌 GNH(Gross National Happiness, 국민총행복)이다. 재화의 부유함이 아닌 국민의 행복 정도를 국가 운용에 가장 우선된 덕목으로 삼는 것이 국정 철학이다. GNH의 4개 부문 중 하나가 '환경 보전' 영역이며 헌법 전문에는 국토의 60%를 숲으로 보존해야 한다고 명시되어 있다. 한 나라의 잘사는 정도를 가늠하는 GDP가 사회적 가치나 환경적 가치를 고려하지 않고 시장에서 거래된 생산물 가치로만 결정되는 한계를 극복한 사례다. 작지만 거대한 국가 부탄의 미래지향적 철학에서 '잘산다'라는 것의 진정한 의미가 무엇인지 배울 점이 많다.

AI
져도 이기는 게임

구글의 인공지능(AI) 바둑 프로그램 알파고(AlphaGo)와 이세돌 9단의 대국이 화제였다. 알파(α)는 그리스어 첫 문자로 처음이나 으뜸을 뜻하고, 명사 고(go)는 바둑을 뜻한다. 굳이 번역하자면 으뜸바둑이라고나 할까. 알파고가 이미 개발된 바둑 프로그램들을 494승 1패라는 압도적 전적으로 연파하고 으뜸임을 입증했으니, 세계 최강 기사에게 도전한 것은 예상된 한 수였다.

1950년대 중반 이후 50여 년간 이어진 AI 연구에도 슈퍼컴퓨터는 개와 고양이도 제대로 구별하지 못했다. 기계적 학습으로 둘을 구별하려면 엄청나게 많은 정형화된 데이터가 필요하기 때문이다. 실제로 종마다 다른 특징과 개체 간 변이를 정량화해 정의한다는 것은 어려운 일이다.

이런 문제를 개선하고자 AI 기술이 주목한 것은 경험이다. 사람의 신경 구조를 모방한 인공 신경망에 기초한 AI는 반복 학습(경험)을 통해 데이터에 내재된 확률 규칙을 인지하는 기술로 다양한 특징이나 행동의 확률 빈도를 분석하고 학습했다. 2010년까지 인공 신경망은 평면 구조였으나 이후 신경망을 빌딩처럼 쌓아 올리는 3차원 기법이 개발되면서 AI는 획기적으로 발전했다. 이것이 바로 딥러닝(deep learning)이다. 딥러닝으로 무장한 알파고는 프로 바둑 기사의 기법을 모방하는 훈련을 받은 뒤 3,000만 건에 달하는 프로 바둑 기보를 스스로 학습했다고 한다.

AI 기술 발전과 함께 인공 신경망 위험에 대한 경고 목소리도 높다. 컴퓨터가 학습하는 과정에서 스스로 터득한 경험적 확률값, 연산 규칙이나 해결 방식이 컴퓨터 블랙박스에 담기기 때문이다. 이는 프로그램 설계자도 모르는 판단 기준을 지닌 AI가 인간 통제를 벗어날 수도 있음을 의미하고, 그럴 경우 심각한 문제를 야기할 가능성이 있다.

여하튼 대국은 흥미로웠다. 당시 전문가들은 알파고는 져도 이기는 셈이라 말했다. 지더라도 단순 연산으로 풀 수 없는 난제를 해결하는 고수의 비법을 경험함으로써 이를 학습해 더 강해질 수 있기 때문이다.

세상에는 수리적 논리로 풀 수 없는 셈법이 있는 듯하다. 밑져야 본전이거나 져도 이기는 싸움이 있을 수 있으니 말이다. 이는 당장의 성패를 떠나 장기적으로는 실패에서 얻는 경험치가 중요한 소득으로 남기 때문일 것이다. 이세돌과 대결한 '알파고 리'는 이후 더욱 강력한 '알파고 제로'로 진화했고 세계 바둑계를 평정, 2017년 은퇴했다. 통산 전적 73승 1패. 이세돌 9단은 알파고를 꺾은 유일한 인류인 동시에 가르침을 준 상대였다.

드 론

여왕벌에 경의를 표하다

미국 아마존과 DHL은 상업용 드론을 이용한 배송과 택배 서비스를 시작했고, 중국 알리바바도 이 경쟁에 뛰어들었다. 영화 〈인터스텔라〉에서 주인공이 아들, 딸과 함께 옥수수 밭을 가로질러 추격했던 비행 물체가 상업용 드론의 원조 격인 군사용 드론이다. 드론 공식 명칭은 원격조정 무인비행체(UAV, unmanned aerial vehicle)로 20세기 초 군사 목적으로 개발되었다. 그런데 왜 공식 명칭 대신 드론이라는 용어를 쓸까?

사전에서는 드론(drone)을 수컷 꿀벌, 윙윙거리는 소리,

게으른 사람, 무인비행체 등으로 설명한다. 상업용 드론이 날 때 내는 소리가 마치 수벌이 윙윙거리는 소리와 비슷해 드론이라고 부르는 듯하지만, 역사학자이자 군사 분석가인 스티브 잘로가는 수벌 날갯짓 소리가 아니라 상대에 대한 존경 표시가 배경이라고 설명한다.

잘로가가 국방뉴스(defense news)에 기고한 내용을 보면 드론이라는 용어는 꿀벌과 무관하지는 않으나 윙윙거리는 소리와는 연관이 없다. 잘로가는 1935년 영국(왕립) 해군 초청으로 해상 훈련을 참관한 미국 해군 제독 윌리엄 스탠들리 행적에 초점을 둔다. 훈련에서 영국 해군은 'DH 82B Queen Bee(여왕벌)'라는 UAV를 표적으로 날리고 대공 사격 시범을 선보였다. UAV가 유용하리라 생각한 제독은 귀국 뒤 휘하에 있는 델머 파니 사령관에게 영국 '여왕벌'과 같은 무인비행체를 제작하라고 지시했다. 델머 파니는 이듬해 비행 물체를 완성했고, 선구 모델인 '여왕벌'에 대한 경의 표시로 '수벌'이라는 이름을 붙인 것이 계기라는 설명이다.

제2차 세계 대전부터 많이 쓰인 드론은 한국 전쟁 때 북한 지역 교량 파괴에 활용된 적이 있다. 살상, 파괴, 정찰을 목적으로 개발된 발명품이 상업 활용에 오락 기능을 더해 일상에 스며든 것은 과학적 성과가 보편적으로 잘 이용된 예다. 침이 없어 공격성을 띠지 않는 수벌처럼 미래 드론도 공격성보다는 삶의 질을 높이는 방향으로 진화하길 바란다.

누군가에게 혹은 어떠한 것에 경의를 표하는 의미로 명명된 것들이 많다. 도시의 중요 거리에 부여된 도로명이나 학교 도서관 등에 붙여진 건물명이 대표적이다. 감동적인 사연을 담고 있는 개나 가축을 기리는 다양한 동상도 경의를 표하는 마음을 담고 있다. 의사의 윤리 강령을 담은 히포크라테스 선서도 의사라는 직업을 창출한 기원전 고대 그리스인 히포크라테스를 기리는 이름이다. 우주를 관측하는 천체 망원경 허블은 미국 천문학자의 이름을 빌려 명명되었다. 드론도 존경심을 담고 있는 이름이니 순기능이 더 많은 쪽으로 진화해 나가는 것이 순리다 싶다.

우주복

어디까지 진화할까?

인류가 지구 밖 우주 공간에서 첫 나들이를 경험한 지 50여 년이 넘었다. 인류 최초 우주 유영인은 1965년 3월 구소련 우주인 알렉세이 레오노프였다. 미국에서는 그보다 3개월 늦은 6월에 제미니 4호에 탑승했던 에드 화이트가 우주 유영에 성공했다.

우주 유영 때 입는 선외 활동용 우주복은 혹독한 우주 환경을 극복할 수 있는 기능을 갖추고 있다. 이런 기능으로 진공 상태에서 나타나는 섭씨 120~150도에 이르는 온도, 극미한 중력, 강력한 태양 빛과 칠흑 같은 어둠을 극복하고, 초속 8~16km 속도로 지구를 공전하는 초소형 유성과 궤도 잔해에서 우주인을 보호한다.

자신이 지닌 카메라도 작동하지 못할 정도로 부푼 우주복을 입었던 레오노프와 달리 현대 우주인은 3겹으로 된 고기능 우주복을 입는다. 3겹이지만 두께는 0.25cm 이하로 매우 얇다. 미국은 지난 50여 년간 쌓은 2,877시간 우주 유영 경험을 토대로 인간 체형에 맞게 분절화된 우주복을 개발했다. 이는 배낭 모양 생명 유지 장치를 메고 활동할 때 유연성과 확장성을 주려는 것으로 10만 번이 넘는 반복 검사(우주 유영 25회 정도에 해당)로 안전성을 검증했다.

선외 활동용 우주복은 이제 내구성과 편의성을 갖추었을 뿐만 아니라 생명 유지 장치까지 포함한 작은 생존 기구이자 최소형 1인용 우주선으로 발전하고 있다. 우주복 등 쪽에 부착된 생명 유지 장치는 산소를 공급하고 이산화탄소를 처리하며, 습도와 압력을 조절하는 동시에 통신 장비에 필요한 전력을 공급한다. 앞으로는 우주복에 로봇 공학을 적용해 피로도를 낮추고, 생명 유지 장치를 소형화하는 동시에 강한 외골격을 한층 보강해 안정성을 확보할 예정이라 하니 머지않아 아이언맨 슈트와 비슷한 우주복을 볼 수 있을 듯하다.

맞지 않는 옷을 입는 것처럼 불편한 일이 또 있을까? 체형에 맞는 옷을 입는 것도 중요하지만 주변 환경이나 여건에 맞는 옷을 입는 일이 중요해진 지 오래다. '드레스 코드'라는 용어 자체가 현대 사회에서 옷의 역할을 잘 말해 준다. 일상에서도 옷이 이렇듯 중요하니 우주처럼 생존 여건이 지구와 매우 다른 환경에서 생존에 직결되는 우주복은 얼마나 진화할지 궁금하다.

넛 지 효 과

보이지 않는 손이 그려 낸 자연스러움

옆 사람에게 무언가를 살며시 권하거나 주의를 환기시킬 때 우리는 그 사람의 옆구리를 살짝 건드린다. 이런 행동을 넛지(nudge)라 하며 "(팔꿈치로 살짝) 쿡 찌르다, (…을 특정 방향으로) 살살 밀다"라는 뜻이다. 강제하지 않고 부드럽게 권유해 더 나은 선택을 할 수 있도록 하는 방법을 넛지 효과라 한다. 넛지 효과에서 중요한 것은 선택 여건을 어떻게 구성하느냐이고 이 작업은 '선택설계자'가 한다.

널리 알려진 넛지 효과는 남자 화장실 소변기에 그린 파리 그림이나 안에 놓아둔 축구 골대 모형이다. "남자가 흘리지 않아야 할 것은 눈물만이 아니다"라는 문구보다 이런 그림이나 모형이 화장실을 깨끗이 쓰도록 하는 데에 훨씬 효과가 있다. 실제로 네덜란드 암스테르담 공항의 남자 화장실에서는 이 넛지 효과 덕분에 소변기 밖으로 튀는 소변 양이 80%나 줄었다. 남성의 본능이 파리 그림에 낚일 수 있다는 것을 간파한 선택설계의 결과다.

또 다른 넛지 효과는 집단 심리를 이용하는 데에서 찾아볼 수 있다. 미국 미네소타주에서 납세자들에게 네 가지 다른 문구를 활용한 고지서를 보냈다. 첫 번째는 "세금은 교육, 치안, 화재 예방처럼 좋은 일에 쓰인다", 두 번째는 "조세 정책을 따르지 않으면 처벌받는다", 세 번째는 "세금 납부는 다음과 같은 도움을 준다", 네 번째는 "이미 미네소타 주민의 90% 이상이 세금을 납부했다"라는 문구였다. 어느 고지서를 받은 납세자의 세금 납부율이 가장 높았을까? '남들은 이미 다 냈구나'라는 불안감과 동조 심리를 자극한 네 번째 문구가 가장 높은 자진 납세를 이끌어 냈다.

이렇듯 넛지는 인간 본능과 심리 속성을 활용해 원하는 결과를 강제적이지 않은 방법으로 이끌어 내는 부드러운 힘을 지닌다. 그렇기에 중요한 것은 선택설계자의 중립적이고 공익적인 철학을 바탕으로 이루어져야 한다는 점이다. 스스로 선택했다 하더라도 설계자의 보이지 않는 의도가 개입되기 때문이다.

마케팅 분야에서 비합리적인 구매를 유도하는 다크 넛지라는 말이 종종 이용된다. 광고에 마감 임박, 주문 폭발 등의 메시지를 반복적으로 노출해 현명한 판단을 흐리게 하기도 하고 인터넷으로 비행기 표를 구매할 때 여행 보험을 들지 않으면 구매가 불가능한 것처럼 설계해 놓는 경우가 그러하다. 사회 시스템을 긍정적으로 개선하고 공익에 보탬이 될 수 있도록 넛지를 현명하게 설계하고 적용하는 것이 중요하다.

하 인 리 히   법 칙

서글프게도 우리 사회에
고스란히 적용되다

아니 땐 굴뚝에 연기 날까. 원인 없이 결과 없다는 과학적
사실을 빗댄 말이다. 모든 일에는 그에 상응하는 앞선 일
이 연계되고, 결국에 드러나는 현상은 앞선 일에 따른 영
향 또는 결과다. 따라서 어떤 선행 지표나 현상은 다가올
결과를 유추할 수 있는 근거나 징조이기도 하다. 어떤 일
이 발생할 가능성이나 기미를 암시해 주는 전조 현상을 자
연과학이나 사회과학에서 어렵지 않게 찾아볼 수 있다.

1920년대 미국의 한 보험 회사에서 일하던 허버트 하
인리히는 수많은 산업 재해 관련 사고를 처리하면서 통계

적으로 의미 있는 일관성을 발견했다. 산업 재해로 심각한 중상자 1명이 생기면 이미 같은 재해로 말미암은 경미한 부상자가 29명 있었고, 그에 앞서서는 부상을 당할 뻔했던 사람이 300명에 이르렀다는 사실이다. 심각한 사건, 사고 한 건 앞에는 중대한 전조가 29번, 경미한 징후가 300번 나타난다는 뜻으로 하인리히 법칙 또는 1:29:300 법칙이라 부른다.

암사자 무리가 물소 한 마리를 잡았을 때 이전에 위험한 상황에서 살아남은 물소 숫자도 이와 비슷하지 않을까. 더욱 뚜렷한 전조 현상은 날씨에서 잘 나타난다. 달무리가 지면 비가 내릴 것으로, 서리가 많이 내리거나 안개가 짙은 날은 화창해질 것으로 짐작한다. 또 저기압이 형성되면 악취가 지표면으로 낮게 퍼지기 때문에 하수구 냄새가 유난히 진동하면 우리는 비가 오리라 생각한다.

'어순실한 세상'으로 변한 우리 사회 모습이 참담하다. 분명 어순실한 세상에 이르기 전에 전조 증상이 많았을 것이다. 300개에 이르는 경미한 징후와 29번에 이르는 중대한 전조를 무시한 대가가 너무도 크고 고통스럽다. 민주주의의 참된 가치는 늘 비싼 수업료를 치러야 얻을 수 있는 깃일까? 거친 바다만이 유능한 뱃사람을 만든다고 위로하기에는 너무 서글프다.

　　　　　　　　　　　●

대통령 하야라는 초유의 사태를 일으킨 국정 농단이 세간의 주목을 받을 때 쓴 글이다. 전조 증상이라 할 수 있는 일들에 대해 왜 적정한 처방을 내리지 못했을까. 심각한 질병에도 전조 현상이 있고, 지진이나 태풍 같이 피할 수 없는 자연 재해에서도 사전 징후가 있어 현명하게 대처하면 그 피해를 줄이고 소중한 생명을 구할 수 있다. 경중을 떠나 문제가 발생하면 이를 감지하고 시정할 수 있는 건전한 되먹임(feed back) 기능이 있어야 개인이건 국가건 건전성을 유지할 수 있다. 거대한 권력이나 지위에 개인이 맞서는 일은 쉽지 않다. 그러므로 조직은 시스템적으로 작동하는 워치 독(watch dog) 기능을 갖추어야 한다. 이를 통해 치르지 않아도 될 값비싼 수업료를 절감할 수 있고 대형 사고도 예방할 수 있다.

뫼 비 우 스 띠

겉과 속이 같은 삶

연속적인 시간 흐름 속에서 1년이라는 기간은 하루라는 365개의 점으로 이루어진 선과 같다. 모든 이에게 1년이라는 선 길이는 같아도 각 점이 지닌 질적, 양적 의미는 사람마다 다르기에 한 해를 보내고 새해를 맞이할 때 느끼는 소회는 서로가 다르다.

수학에서 점으로 구성된 선과 선으로 이루어진 공간을 연구하는 분야를 기하학이라 한다. 그중 길이나 크기 같은 양적 관계를 무시하고 도형을 구성하는 점의 연속적 위치 관계에만 착안하는 영역이 현대 수학을 대표하는 위상기

하학이다. 이 분야에서 흥미로운 내용 가운데 하나가 뫼비우스 띠다. 독일의 천문수학자인 뫼비우스가 기하학 연구에서 남긴 위대한 업적 가운데 하나로 평가받는다.

뫼비우스 띠는 경계가 하나밖에 없는 2차원 도형으로 좁고 긴 직사각형 종이를 180도 꼬아서 양끝을 연결해 만든 원형 곡면체다. 경계가 하나밖에 없다는 것은 안팎이 구별되지 않는다는 뜻이다. 즉 뫼비우스 띠는 표리일체인 띠다. 꼬지 않고 붙여 만든 동그란 띠는 곡면 가운데를 자르면 2개 띠로 분리되지만, 같은 방법으로 뫼비우스 띠를 자르면 분리되지 않고 2배 크기인 또 다른 띠 하나가 만들어진다.

자식들에게 언행은 일치해야 하고 표리부동하면 안 된다 늘 이르지만 정작 그리 살아가는 것이 쉽지는 않다. 1년이라는 선들이 모여 인생이라는 공간을 만들어 가는 우리 삶 가운데 얼마만큼이 겉과 속이 다르지 않은 시간으로 평가될까. 인생 기하학적으로 이를 계산할 수 있다면 세상은 좀 더 살 만한 곳으로 변할까.

생의 마지막 순간인 죽음도 삶의 일부이기에 우리 인생역시 시작도 끝도 없는 하나의 띠와 같다. 겉과 속이 다르지 않은 인생은 분명 표리부동한 삶보다 가치 있다고 인정하며 존경하는 사회여야 한다. 이런 세상은 각자 실천으로 만들어진다. 표리일체한 인생의 띠를 만들려면 새해에는 값진 365개 점을 찍어 올곧고 굵은 선 하나 만들어야겠다.

길면 길고 짧다면 짧은 한 해가 저물고 새해를 맞이할 즈음이면 만감이 교차한다. 오늘 노을을 펼치며 서산을 넘는 해와 내일 동녘서 떠오르는 태양이 동일한데도 새해 첫날 솟는 해는 새롭게 맞이하게 된다. 새해는 작년보다 나은 한 해가 되기를 희망하는 우리 바람 때문이다. 인생 80이라면 철없는 어린 시절을 제외하고 60여 번이나 새해 시작점을 지닌 1년짜리 띠를 만든다. 과연 몇 개의 인생 띠가 뫼비우스 띠처럼 표리일체할까.

육아

본능에 충실할 수 없어 슬픈 이 땅의 부모들

맞벌이 부부는 아이 맡길 일로 늘 고민이다. 어느 정도 큰 아이들을 학원으로 뺑뺑이 돌리는 부모도 걱정이 크겠지만, 어린아이를 보육 시설에 맡기고 일터로 향하는 젊은 부모 마음은 오죽할까. 그것도 날이 밝기 전부터 잠자는 아이를 깨워 찬바람 새어 들까 꽁꽁 싸매 주고 종종걸음을 쳐야 하는 겨울에는 시름이 더욱 깊을 수밖에 없다.

육아 본능은 크고 작음에 차이가 있을 뿐 모든 동물이 타고난 속성이다. 동물에게 양육은 목숨을 건 고난이다. 열대어인 시클리드류는 수정란을 입안에 모아 3~4주 품고 부화시키기에 이 기간에 부모는 전혀 먹지 못해 체력이 바닥난다. 바다메기류도 비슷한 행동을 하며, 다윈코개구리는 수컷 울음주머니 속에 수정란을 품고 부화시킨다.

고행에 가까운 육아 행동은 곤충과 전갈 일부에서도 볼 수 있다. 수서 곤충인 물자라는 수컷 등에, 전갈 일부는 암컷 등에 알을 낳아 붙이고 알이 깰 때까지 돌본다. 이 기간 동안 물자라 수컷은 날개를 펼칠 수 없어 천적의 공격을 피하기 어렵다.

고도화된 공동체 보육은 진사회성 동물인 펭귄에게서 볼 수 있다. 이들은 '펭귄 유아원'이라 일컫는 공동 육아 시스템을 운영한다. 어른 펭귄들이 먹이를 구하러 일터로 나갈 때 어른 일부가 남아 어린 펭귄들을 돌본다. 어린 펭귄들은 이 집단에서 서로 체온을 나누며 버틴다.

예외 없는 법칙이 없듯 육아 본능을 잃은 경우도 있다. 생태학적으로 몸 구조가 단순해지거나 본능이 퇴화한 결과를 퇴행 진화라 한다. 두견이과에 속하는 새가 둥지 짓기와 육아 본능을 잃고 다른 새 둥지에 탁란하는 것이 대표적이다.

땅과 풍요의 여신 데메테르는 저승의 신 하데스에게 납치된 딸을 구한 모성애로 유명하다. 제우스는 그 딸을 이승에서 8개월은 데메테르와 지내고, 4개월은 저승에서 하데스와 지내도록 중재했다. 그러자 데메테르와 딸이 함께 지내는 8개월은 만물이 잘 자라 수확할 수 있지만 딸이 떠난 4개월은 데메테르가 슬픔에 차 지내는 탓에 식물 성장이 멈추고 흰 눈물이 대지를 덮었다는 이야기다. 데메테르의 모성애에서 기원했다는 겨울철에 요즘 젊은 부모의 처지는 어떠한가. 현실에 부딪혀 강제로 육아 본능을 절제당하는 꼴은 아닌가. 사회적 퇴행 진화를 이대로 놓아두어도 되는가.

삶이 각박해져 공동체 의식이 줄고, 어른에 대한 공경심이 약화되며, 청소년의 비행에 눈을 슬그머니 감아 버리고, 신생아 출생률이 떨어지는 현상 모두 사회를 퇴행시키는 것이다. 정의로움이 잘 작동하지 않고 아이 낳기를 주저하는 현상을 어찌 세상이 변한 탓으로만 돌릴 수 있을까. 사회 안전망에 투자하고 육아 부담을 경감시켜 주는 정책 지원이 무엇보다 시급한 현실이다. 세상이 변했다면 국가는 변화에 대응하는 제도와 정책을 쏟아 내야 한다.

노 화

변하지 않는 마음으로
변하는 몸을 바라보는 것

기대 수명은 올해 태어난 아이가 얼마나 살 수 있는지를 예측하는 수치다. 2016년 세계경제포럼이 발표한 국가경쟁력 평가 결과에 따르면 우리나라 기대 수명은 82.2세로 세계 138개국 가운데 10위다. 2015년에 13위를 기록했던 81.5세보다 8.4개월 늘어난 수치다. 2018년 통계청이 발표한 기대 수명은 82.7세로 더 늘어났다. 당나라 시인 두보는 인생 70이 드물다 했는데 이제는 실버 청춘 80이 흔한 세상이 다가온 셈이다.

겪어 보지 않으면 모르는 것이 노화에 따른 신체 변화

다. 노화는 성숙기에 도달한 신체가 나이를 먹음에 따라 모양과 기능이 비가역적으로 퇴행하는 현상이다. 신체 내 물질 조성이 변하고 혈관과 피부는 탄력을 잃어 가며, 몸속 장기의 기능 저하 및 면역력 감소 현상이 나타난다. 비가역적 퇴행 과정으로 80세에 이른 몸은 생애 최고 시기의 몸과 적잖게 달라진다. 80세인 사람의 청각 능력은 생애 최대치의 30(고음역대)~70(저음역대)%로 떨어진다. 심장이 1회 박동으로 내보내는 혈액량은 45%로 줄고 폐활량도 50~60%로 줄어든다. 냄새를 맡는 능력과 쥐는 힘은 70%, 신경 전달 속도는 85% 정도다.

전형적인 변화는 세포 감소에 따른 장기 중량 감소와 이에 따른 체중 감소다. 몸속 화학 공장인 간의 80세 때 중량은 생애 최대치의 80% 정도로 줄어든다. 그러나 뇌는 93%를 유지해 감소 변화가 상대적으로 적다. 이는 나이가 들면 감각 기관 기능 감퇴와 함께 기억, 학습, 비교 분별 능력이 떨어지지만, 뇌의 근본적 기능에는 급격한 변화가 일어나지 않는다는 뜻이다. 그래서 몸이 늙지 마음은 늙지 않는다고 했나 보다.

오늘날 우리 사회는 노인을 사회적 약자로 인식하는 경향이 강하다. 경제적 비용과 생산적 관점만으로 노인을 보는 경제지상주의 때문이다. 그러나 "어르신을 잃는 것은 도서관 하나를 불태우는 것과 같다"는 아프리카 속담은 우리에게 주는 울림이 크다. 다른 신체 장기와 달리 뇌의 기능이 크게 저하하지 않는 것은 노인의 지혜와 경험이 중요함을 보여 주는 단초이기도 하다. 노화를 거스른 이는 없다. 그래서 노령 인구가 부담이 되지 않는 사회로 개선, 전환해야 한다. 늙어 보지 않은 아들, 딸은 한때 젊어 봤던 부모님의 생각과 마음을 잘 살펴볼 일이다.

기 억

뇌와 마음에 새기다

극심한 정체를 각오하면서도 명절 때만 되면 고향으로 향하는 까닭은 가족의 출발점을 이루고, 이를 굳건히 지켜온 부모 그리고 그들 삶의 일부인 자식들과 공유하는 따스한 기억 때문이리라.

기억이란 이전 경험이나 정보를 의식 속에 저장하고 이를 다시 꺼내는 정신적 기능을 뜻한다. 이 기능은 일반적으로 네 단계를 거쳐 형성, 작용한다. 첫 번째는 '기명' 단계로 새로운 경험을 머릿속에 새기는 일로, 이 과정에서 우리 뇌의 해마가 중요한 기능을 한다. 영어 단어를 열심히 암기하거나 굳이 외우려 하지 않았는데도 노랫말이 익숙해지는 것이 예다. 그 다음 단계는 '보유'로 기명된 내용이 머릿속에 축적된 상태를 말한다. 즉 필요할 때 회상할 수 있도록 저장된 상태다.

세 번째와 네 번째는 '재생'과 '재인' 과정이다. 재생은 기명 단계를 거쳐 얻은 경험이 어떤 기회에 다시 생각나는 과정을 말하며, 적극적으로 생각해 떠올리는 능동적 재생과 어떤 것에 연상되어 자동으로 회생되는 수동적 재생으로 나눈다. 재인은 재생한 내용이 스스로 과거에 분명히 경험한 내용이라 인지하는 것을 뜻한다. 지금 경험하는 상황이 과거에 자신이 가진 정보와 일치한다는 것을 다시 확인하는 과정이라 할 수 있다.

유소년 시기에는 재료나 현상을 있는 그대로 기명하는 기계적 기억이 우세하고, 청소년기를 거치면서 대상의 의미나 상황을 토대로 하는 논리적 기억이 우세해진다. 뿔뿔이 흩어져 지내던 가족이 모이는 명절, 되새길수록 힘이 되는 좋은 기억을 더 많이 얻으면 좋겠다.

사회가 빠르게 변하는 오늘날, 특히 청년 실업이나 질병의 대유행으로 살아가기가 점점 퍽퍽해지는 시기에는 힘들고 부정적인 기억이 더욱 많이 쌓인다. 그러나 시간이 약이라 고통스러운 현재를 잘 이겨 내면 담담하게 돌아볼 수 있을 날을 기약해 주는 것이 우리네 삶이다. 명절에는 서로에게 힘이 되는 가족의 의미를 기억 속에 담아 보면 좋겠다.

근육
조화를 이루어야 건강해진다

봄이 오면 겨우내 움츠렸던 몸을 풀고 운동 하나쯤 하고 싶어진다. 적당히 써서 자극을 주면 고유한 기능의 퇴화를 방지할 수 있는 것은 사람 몸이나 기계나 마찬가지다. 인체 많은 조직 가운데 근육은 더욱 그렇다. 사용하지 않는 근육은 퇴화하고 꾸준히 사용하는 근육은 발달하는 이치다. 우리 몸에는 원통형이나 방추형인 근육이 겹겹이 쌓인 조직이 있고, 이는 형태에 따라 심근, 평활근, 골격근으로 나뉜다.

심근은 심장 벽을 이루고, 평활근은 소화기관, 혈관 같은 내부기관 벽을 이룬다. 뼈에 붙어서 몸을 움직이는 골격근은 약 640개가 있으며 쌍을 이룬다. 골격근이 320여 개 쌍으로 이루어진 까닭은 근육은 오직 끌어당길 수만 있기 때문이다. 쌍을 이룬 근육은 서로 길항적으로 작용해서 한 근육이 일으킨 운동은 다른 근육 작용으로 되돌아온다. 팔이 이두근 수축으로 구부러지고 삼두근 수축으로 펴지는 것이 예로 동작을 일으키는 근육을 주동근, 반대로 동작하는 근육을 길항근이라고 부른다. 골격근이 길항 작용하는 까닭에 한 운동의 주동근은 동시에 다른 운동의 길항근이기도 하다.

근육은 감당할 수 없는 부하를 겪으면 미세하게 찢어지거나 끊어진다. 그러면 근육은 상처를 입힌 부하를 견딜 수 있도록 이전보다 더 강해지고 커진다. 피부에 상처가 생기면 단단한 흉터가 생기는 원리와 비슷하다. 무거운 운동 기구를 반복해서 들며 근육을 키우는 것은 근육에 미세한 상처를 입히고 다시 낫도록 반복하는 과정이라 할 수 있다.

이 과정에서 중요한 것은 근육을 자극하는 상처 규모와 이를 낫게 하는 조건 간 조화다. 상처 입은 근육이 나으려

먼 충분한 영양분과 2~3일간 휴식이 필요하다. 과중한 부하, 심한 다이어트, 잦은 자극은 부작용을 일으킨다. 적절한 자극, 충분한 영양 공급, 여유가 조화를 이루어야 근육을 건장하게 키울 수 있듯 우리 사고 능력을 지배하는 사회 심리적 근육도 이 같은 조화를 통해 커질 수 있다.

사회면의 각종 사건사고 소식을 접하면 정신적 피폐함과 나약함에서 기인하는 불행한 일이 의외로 많다는 것을 알 수 있다. 심리적으로 위축된 상황을 치유하려면 길항 작용을 하는 방법을 찾아 이를 이완시켜야 한다. 그것이 명상이건 취미 생활이건 무엇이건 간에 위태로운 정신적 상황을 전환할 수 있는 방법을 지녀야 한다. 신체적 근육만큼이나 심리적 근육도 꾸준히 잘 키워야 한다.

해 연

과연 세상 가장 깊은 곳은
바다에 있을까?

열 길 물속은 알아도 한 길 사람 속은 모른다 했다. 여기서 '길'은 우리 고유 척도로, 한 길은 약 3m에 이르지만 일상에서는 어른 키 정도를 말한다. 사람 마음을 헤아리기 어렵다는 것을 열 길과 한 길의 길고 짧음에 빗댄 속담이다.

지각도 굴곡져 있고 여기서 가장 움푹 들어간 곳은 제주도에서 남동 방향으로 약 2,800㎞ 떨어진 마리아나 해구 남단에 있다. 해구란 바다 속 좁고 긴 도랑 모양 계곡으로 이 해구는 길이가 약 2,500㎞에 이른다. 해구 가운데 가장 깊은 곳을 해연이라 한다. 챌린저와 비티아즈 해연은 가장 깊은 해연으로 수심이 약 11km에 이른다. 챌린저 해연은 영국 탐사선 챌린저호가 1951년에, 비티아즈 해연은 그로부터 6년 뒤에 구 소련 탐사선 비티아즈호가 측정했다.

에베레스트를 거꾸로 넣고도 3km 정도를 더 들어가야 하는 챌린저 해연의 수압은 지상 기압의 약 1,000배에 이를 만큼 엄청나서 인간의 접근을 쉽게 허락하지 않는다. 그런데도 지금까지 이곳 해연에 다다른 탐사는 4번이나 있었고, 심지어 첫 번째와 네 번째는 유인 탐사선이었다. 극한 수중 환경을 뚫고 지구에서 가장 깊은 계곡에 처음 이른 것이 1960년이었으니 챌린저 해연이 알려지고서 9년이 지났을 때 일이다.

인간의 의지는 참으로 경이롭다. 지구 가장 깊은 계곡에도 족적을 남기니 말이다. 그러나 한편으로 한 길 사람 속을 알 수 없듯이 가장 깊은 곳은 실제 깊이와 상관없는지 모른다. 사람 마음이 행동으로 이르지 못하는 곳, 그곳이 세상에서 가장 깊은 곳이리라. 세월호 미수습자 5명은 끝내 돌아오지 못했고 가족은 기다림을 포기하고 장례를 치를 수밖에 없었다. 세월호가 45m 깊이 바다 속으로 안타깝게 모습을 감춘 지 벌써 수년이 지났다. 이 상처가 치유

되지 않는 한 맹골수도 해역은 아마도 세상 가장 깊은 곳
이 아닐는지.

알 수 없는 옆 사람의 마음도 그러하지만, 때로는 나 자신의 마음도 알
수 없는 상황에 직면하는 것이 세상사여서일까? 2014년 세월호 참
사 이후 어떻게 저런 일이 일어날 수 있는지 반문을 거듭해 보지만 명
확한 답은 수년이 지난 지금도 구할 수가 없다. 이유를 알 수 없는 사
고로 세상을 떠난 어린 희생자들을 생각하면 마음이 여전히 먹먹하
다. 가장 깊은 해연이 어찌 공간적으로만 존재할까? 이해할 수 없고
답을 구할 수 없는 모든 것은 미지의 해연이다. 진실에 이르러 심연의
슬픔을 이겨 낼 수 있는 날이 조속히 오기를 바란다.

인 간 의 비 행

마음속 날개를 펼치려는 욕망

시기심 가득한 신과 욕망으로 가득 찬 인간의 옛이야기를 다룬 그리스신화에는 '이카로스의 날개'가 등장한다. 아버지가 새의 깃털과 밀랍으로 만들어 준 날개를 붙이고 핍박의 크레타섬을 탈출하던 이카로스는 바다에 떨어져 죽는다. 너무 높게 날지 말라는 아버지의 경고를 잊고 비행의 신기함에 취해 계속 오르다가 뜨거운 태양열에 밀랍이 녹아 버렸기 때문이다.

미지 세계에 대한 인간의 동경을 뜻하는 이카로스의 날개는 지금도 발전하고 있다. 그러나 날고자 하는 인간의 욕망은 많은 고통을 동반했다. 10세기 후반 영국의 수도사 아일머는 자신이 만든 날개를 달고 수도원에서 뛰어내려 불구가 되었고, 그 이후 수 세기 동안 개인 비행을 꿈꾸던 많은 사람이 높은 건물 옥상과 절벽에서 뛰어내리다 죽었다. 오늘날에도 이와 같은 베이스 점핑으로 매년 10여 명이 죽는다.

비행 장치에 대한 과학적 기록은 15세기 후반 다빈치가 고안한 나선형 회전 날개에서 시작한다. 이후 18세기에 프랑스 몽골피에 형제가 만든 열기구가 등장했고, 19세기 중반 항공의 아버지라 불리는 영국인 조지 케일리는 조종이 가능한 낙하산을 만들었다. 케일리가 비행에 필요한 3가지 힘(양력, 추진력, 조종력)의 원리를 규명하면서 20세기 초 라이트 형제의 비행기 '플라이어'가 탄생했다.

그러나 낙하산과 비행기라는 획기적인 발명 사이에는 또 다른 위대한 발명과 도전이 있었다. 독일 항공 개척자 오토 릴리엔탈이 만든 행글라이더다. 19세기 말 새의 비행역학을 분석해 공학적으로 적용한 릴리엔탈은 인류 최초 활공 비행에 도전했다. 그러나 2,500여 회 활공에 성공한 그도 1896년 시험 비행을 하다 추락사했다. 그 사고는 라이트 형제가 완전한 동력 비행기를 만드는 데에 박차를 가하는 계기로 작용했다.

각 분야에서 최초가 되려는 선의의 경쟁과 불타는 욕망이 인류사를 진일보시킨다. 그러나 그 과정에는 잊힌 좌절과 죽음의 고통이 함께 있다. 추락해 죽기 직전 "큰 것을 위해 때로는 작은 희생이 필요하다"는 릴리엔탈의 마지막 말이 큰 울림을 주는 것은 라이트 형제가 만든 플라이어호의 초라하나 위대한 기록을 예견했기 때문이다. 인류 최초 동력 비행 기록은 37m, 12초다.

희생을 각오하며 비행을 꿈꿨던 궁극적 이유는 미지 세계에 대한 동경 때문이 아닐까. 이를 행동으로 옮긴 용기 있는 소수의 사람들 덕에 인류 전체는 비상할 수 있게 되었다. 이와 같이 커다란 성공에는 기억되는 소수와 잊힌 다수가 존재한다. 인류가 북극점에 도달했을 때도, 달에 착륙했을 때도 기억되는 사람보다 잊힌 사람이 몇 배 많았다. 잊힌 다수의 희생과 이타심은 세상을 보다 나은 상황으로 이끈 밑그림이었을 것이다.

수 면

이 밤, 우리가 잠들지 못하는 이유

도시의 여름밤은 고달프다. 뜨거운 햇볕을 모두 삼킨 거대한 콘크리트 덩어리들이 밤새 열을 토해 내는 공간에서 우리는 잠 못 이룬다. 편한 잠을 청하지 못하는 것은 반려동물도 마찬가지라 하루 중 10시간과 13시간을 자야 하는 개와 고양이도 수면 부족으로 힘들어한다. 모든 포유류는 최소한의 잠을 자도록 진화했기에 사람이든 동물이든 잠이 부족하면 피곤해진다.

포유류에게 필요한 수면 시간은 동물원이나 사육 시설, 연구 기관 같은 곳에서 분석한 것이 대부분이다. 몸이 작은 포유류는 대부분 한 세상 편하게 실컷 잠을 즐긴다. 최장 수면 기록 보유자는 하루 중 약 20시간을 자는 작은갈색박쥐(몸무게 약 14g)다. 몸길이 30cm인 초소형 올빼미원숭이는 17시간, 몸길이 20cm 내외인 얼룩다람쥐는 15시간 정도를 잔다. 최상위 육식 동물도 호사스럽기는 마찬가지로 호랑이는 16시간, 사자는 14시간, 치타는 12시간이나 잔다.

반면에 덩치가 큰 초식성 포유류는 수면 시간이 매우 짧다. 코끼리와 말은 3시간, 소와 양은 4시간을 자고 기린은 2시간 정도 토막 잠을 자는 것이 전부다. 열량이 낮은 풀을 먹는 까닭에 하루 대부분 시간을 먹는 데에 쓰기 때문이다.

수면은 피로가 누적된 뇌의 활동을 주기적으로 회복하는 생리적 의식 상실 상태이기 때문에 포유류에게 잠은 뇌의 피로를 풀고 고달픈 삶을 피하고자 선택된 진화적 산물이다. 열량이 높은 고기를 사냥하는 육식 동물에게는 긴 잠이, 열량이 낮은 풀을 뜯는 초식 동물에게는 짧은 잠만이 허락되는 약육강식의 세상사가 불공평한 듯하다. 그러나 부럽게도 약자인 초식 동물에게는 짧은 잠을 극복하는 각성 반응(반쯤 조는 상태) 능력이 있어 휴식과 경계를 동시에 수행할 수 있다. 그러나 더위로 잠 못 이루는 밤에 진정 부러운 것은 시원한 물속에서 좌뇌나 우뇌 가운데 한쪽만 잠에 드는 '단일반구수면'으로 열대야를 신경 쓰지 않는 돌고래의 빼어난 능력이다.

조사마다 차이가 있지만 경제협력개발기구(OECD)에 따르면 우리나라 사람의 평균 수면 시간은 7시간 49분으로, 수면 시간을 조사한 18개 나라와 비교했을 때 가장 짧다. 사실 청소년이나 성인 가운데 대여섯 시간도 못 자는 사람도 많다.

사람은 일생의 1/3을 자는 데에 쓰는 만큼 잠은 꼭 있어야 하는 삶의 요소이나 수십 년에 걸친 연구에도 잠을 자야 하는 이유를 정확히 밝히지는 못했다. 수면 시간이 100년 전보다 1.5시간 줄어든 현대인은 85가지 수면 장애 질환으로 고통받고 있으나 우리가 잠을 자야 하는 이유를 모르듯 불면증 원인도 모른다.

수면학자 앨런 레치섀픈은 "수면이 생존에 꼭 있어야 하는 것이라면 그것은 진화적 최대 실수"라고 말한다. 더위뿐이랴, 퍽퍽한 삶 때문에 피로감 높은 우리. 수면이 부족해 삶의 만족도가 낮은 것인지, 피로 사회에 지쳐 잠 못 이루는 것인지 앞뒤를 살펴볼 일이다.

OECD 보고서에 따르면 우리나라 사람이 가장 중요하게 생각하는 지표는 '삶의 만족도'이고 그 다음이 '안전'과 '건강'으로 나타났다. 우리나라 삶의 만족도는 OECD 회원국 중 하위권 수준이다. 삶에 만족한다는 것이 그리 쉬운 일은 아니나 낙제 수준이라니 새삼 우리 삶을 돌아보지 않을 수 없다. 삶의 질은 매우 복합적인 요인들로 이루어지지만 수면 부족과 같은 여유롭지 못한 생활 행태가 삶의 만족도 하위권의 주된 이유 중 하나일 것이다. 더워서 뒤척, 힘든 삶에 뒤척. 뒤척거림에 잠은 달아나고 피로감은 몰려온다.

시각

타인의 삶이 아니라 내 주변을 살피는 감각

생존하고자 주위 정보를 모으는 행위는 모든 생명이 자기를 보호하고자 하는 기본 행동이다. 시각, 청각, 후각, 미각, 촉각(오감)에 육감까지 동원해 정보를 수집하는 능력은 진화 수준을 가늠하는 척도다. 사람의 감각 가운데 가장 근간이 되는 것은 시각이다. 직접 접촉하지 않아도 되는 감각(시각, 청각, 후각) 가운데 가장 넓은 공간 범위를 다루기 때문이다.

인간의 시각은 색감 구분 기능, 가까운 곳에 있는 작은 먼지에서부터 멀리 있는 거대한 산까지 지각하는 줌 기능, 미묘한 차이도 감지하는 기능 등으로 분화되어 있다. 그러나 빛의 양이 일정 수준 이하로 제한되면 시각 능력은 뚜렷하게 떨어진다. $1m^2$에 포함된 빛의 양은 럭스(lux)로 표기하며, 밝은 햇빛은 1만 lux 정도이고 어두운 밤은 1lux 정도인데, 인간의 시각 능력은 이 두 값을 최대, 최소 값으로 하는 범위(1~1만 lux)에서 발휘된다.

동물은 인간에 비해 얼마나 더 잘 볼 수 있을까? 고양이는 인간이 필요로 하는 최소 광량의 1/8 정도인 0.125lux에서도 사물 정보를 정확히 얻는다. 동남아시아에 사는 안경원숭이는 체격에 비해 눈이 가장 큰 포유류로, 사물을 감지할 수 있는 최소 광량은 0.001lux로 고양이의 125배에 이른다. 곤충은 이들보다 시각 능력이 더욱 뛰어나다. 쇠똥구리는 0.001~0.0001lux, 어리호박벌은 0.000063lux인 어둠에서도 사물을 분별한다. 야간 시각 능력 1위는 바퀴벌레 일종인 별바퀴로 빛의 기본 입자인 광자가 1개만 있어도 사물을 식별할 수 있다.

차별화된 감각 능력에 따라 생태적 지위를 얻고, 이를 바탕으로 작동되는 시스템이 바로 생태계다. 볼 수 없는 것을 무리하게 보려고 할 때 생태계 질서는 무너진다. 남의 행동을 몰래 엿보아 살핀다는 사찰도 이렇다면 비약일까?

사생활을 침해하는 불법 사찰은 인권에 대한 심대한 도전이다. 우리 눈은 코 방향 60도, 귀 방향 90도, 위로 50도, 아래로 70도를 볼 수 있는 시야각(눈을 안 움직이고 볼 수 있는 각도)을 지니고 있다. 양 눈을 합친 시야각은 수평 180도, 수직 120도이다. 입체감이나 색감까지 포함해 정확히 실체를 인지하는 각도는 이보다 훨씬 좁다. 안 보는 듯 뒤를 볼 수 있는 다른 동물류와 달리 고개를 돌리지 않는 한 뒤를 볼 수도 없고 곁눈질로는 제대로 사물을 인지할 수 없다. 정면을 향한 정직한 시선으로만 상대를 바라보도록 진화한 생물, 바로 인류다. 그런 인간이 어찌 타인을 훔쳐본단 말인가.

진실 가리개

착시

착각이란 사물이나 사실을 실제와 다르게 지각하는 것을 말한다. 눈으로 확인한 사물 정보를 이해하는 과정에서 실제와 다르게 해석하는 착시 현상은 뇌의 착각이다. 오르막과 내리막이 보이는 것과 반대인 제주도 도깨비 도로나 선풍기 날개가 회전 방향과 반대로 도는 것처럼 보이는 것이 대표적인 착시 현상이다.

이런 착시 현상을 마차바퀴 효과(wagon-wheel effect)라고 한다. 이는 바퀴살이 달린 마차 바퀴가 실제 회전과 다르게 도는 것처럼 보이는 데에서 유래했다. 이 착각은 시각적 인지와 실제 속도 간 차이에서 기인한다. 직각 바퀴살이 4개이며 시계 방향으로 도는 바퀴를 예로 들어 보자. 우리 뇌는 눈이 변화를 인식하는 최소 감응 시간 동안 9시 위치에 있던 바퀴살이 11시 30분 위치로 이동하면 바퀴가 거꾸로 돌고, 12시 30분 위치에 있다면 느리게 돌았다고 착각한다.

얼룩말 줄무늬 역시 착시 현상을 일으킨다. 얼룩말 무리의 움직임을 과학 기법으로 분석하면 동작 신호(motion signal)가 거짓 정보로 넘쳐나는 것이 드러난다. 얼룩말 줄무늬가 관찰자에게 마차바퀴 효과와 이발소회전간판 착시 (barberpole illusion: 가로로 회전하지만 위로 올라가는 것처럼 보이는 현상)를 일으키기 때문이다. 허위 정보를 양산하는 착시는 얼룩말 몸에 해충이 날아와 앉거나 사자가 정확한 사냥 시점을 찾아내지 못하도록 한다. 여러 구성원으로 이루어진 무리, 그런 무리가 모여 만들어지는 사회에서 발생하는 착시 역시 거짓 정보를 만들어 판단을 흐리게 하고 결국에는 갈등을 일으킨다. 사회적 착시는 우리 삶을 피폐하게 만든다. 이런 문제를 바로잡는 역할을 하는 것이 바로 우리 사회에서 뇌에 해당하는 행정부, 입법부, 사법부다. 이 기관들이 오작동한다면 사회적 착시를 바로잡기 어렵다.

●

착시는 진실을 가리고 거짓을 유발한다. 사회 문제점을 실제와 다르게 인식하는 '사회적 착시' 현상이 빈번해지는 세상이 되어 버렸다. 거짓 정보와 가짜 뉴스로 야기된 사회적 착시로 중요한 사회적, 국가적 쟁점 사안들이 해결되지 못하고 소모적 논쟁으로 표류하기 다반사다. 흥미와 호기심을 자극하는 일반적 착시와 달리 사회적 착시를 변별할 수 있는 인지 능력의 심화는 각자의 몫이 되어 버렸으니 버거운 세상이다.

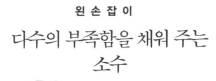

왼 손 잡 이

다수의 부족함을 채워 주는 소수

추위가 엄습하자 학교로 향하는 아이들과 거리 상인들 옷이 더욱 두툼해졌다. 외투와 장갑으로 가린다 해도 추위에 가장 취약한 부위는 손이다. 그래서인가 손은 그간 겪은 고초와 헤쳐 넘은 삶의 파고를 보여 주는 지표이기도 하다. 양손잡이면 좀 나을 텐데 오른손잡이는 오른손이, 왼손잡이는 왼손이 상대적으로 더 거칠고 상처를 많이 입는다.

양손잡이는 한손잡이보다 많지 않으며, 한손잡이 가운데 왼손잡이는 오른손잡이보다 적다. 세계 어디를 가도 오른손잡이가 전체 인구의 70~95%에 달한다. 손을 쓰는 다른 유인원에서는 찾아볼 수 없는 오른손잡이 주류 현상. 왜 인류는 이런 방향으로 진화한 것일까?

원시 인류가 사용한 돌도끼 형태를 분석한 결과, 오른손잡이 주류 현상은 약 150만 년 전부터 나타났으리라 추정한다. 지난 180년 동안 이 현상에 대한 연구는 많았지만 아직 명확한 이유는 밝혀지지 않았다. 다만 대뇌 좌우 반구의 기능 분화에 따른 결과라는 해석이 가장 설득력을 얻고 있다. 좌뇌가 몸 오른쪽을, 우뇌가 왼쪽을 지배하는 신경 체계에서 대부분 일을 좌뇌가 수행하기 때문에 일상 행위는 오른손으로 하는 쪽으로 진화해 왔다는 것이다. 또한 좌뇌 기능 가운데 하나인 언어 중추가 발달하면서 인류는 다른 동물과 달리 좌뇌가 발달했고, 이에 따른 부수 효과로 오른손을 왼손보다 더 사용하게 되었다는 설명이다.

그렇다고 왼손잡이가 흠은 아니다. 가위나 만년필을 쓰는 데에 불편한 것은 주류인 오른손잡이 세상 체계에 따르기에 발생하는 일이다. 왼손잡이는 뇌가 충격을 받았을 때 오른손잡이보다 회복이 빠르고 외부 공격에 대처하는 반사 행동도 더 뛰어나다. 그래서 비주류 그룹은 소수이

지만 다수의 부족한 기능을 보완하고 집단의 지속성을 확
보하는 데에 절대적으로 기여한다. 생경한 비대칭적 균형
이 바로 사회를 유지하는 힘이다. 주류, 다수 중심 사회에
서 불편함을 겪는 소수, 비주류를 살펴야 하는 이유이기도
하다.

주류에 끼지 못하거나 다수의 영역에 들지 못하는 비주류 소수. 고독
하고 힘들 수밖에 없다. 일반화된 시스템이 불편할 수밖에 없고 무시
당하기 쉬우니 상처도 많이 받는다. 소수 집단이거나 소수 의견을 내
는 이들이 겪는 사회적 괴리감은 심리적 고통으로 이어진다. 그러나
사고 다양성은 사회 건전성을 가늠하는 척도이다. 획일화된 사고방식
은 유연할 수 없고 유연하지 못한 것은 부러지기 마련이다. 부러진 사
고는 굽은 화살과도 같다. 목표하는 곳에 다다를 수 없다. 소수 의견으
로 다수 의견이 정제될 때 유연하고 곧은 사회적 가치라는 화살이 만
들어진다. 사회 공동체가 추구하는 지향점에 이르기 위해 소수자를
보듬고 소수 의견을 경청해야 하는 이유다.

생 체 발 광

아름답지만 절실한 몸짓

어느덧 시간은 한 해의 끝자락으로 우리를 몰아내고 달력은 볼품없게 한 장만 남았다. 그러나 12월은 화려한 불빛으로 연말연시 분위기를 만들어 아쉬움 가득한 사람들에게 위안을 선사한다. 거리를 수놓은 다채로운 불빛 장식들로 가로수가 몸살을 앓기도 하지만 형형색색 불빛을 보며 잠시나마 고단한 세상사를 잊는 것은 인간만이 느낄 수 있는 감성인지 모른다.

인간은 빛을 얻어 사용하지만 자연에는 스스로 빛을 발산(생체발광)하는 생명체가 적지 않다. 세균 같은 미생물에는 70여 종, 버섯류에는 50여 종이 있으며, 여름 밤하늘에 불빛을 수놓는 반딧불이도 이에 속한다. 특히 빛이 투과되지 않는 깊은 바다 속에 사는 생물 가운데 생체 발광하는 종류가 많다.

심해아귀는 입 앞으로 내린 촉수로 빛을 내 먹잇감을 유인하고, 해파리는 공격을 받으면 무리에게 알리거나 포식자를 놀라게 하고자 빛을 발산한다. 또한 오징어 일부는 위험에 처하면 먹물 대신 발광 액체를 내뿜어 적을 교란시킨다.

생물이 발산하는 빛은 신진대사를 통해 만들어지고 몸속에서 공생하는 발광 박테리아를 통해 발산된다. 기원이 어떠하건 이들에게 스스로 빛을 내는 일은 소통 수단인 동시에 먹잇감을 유인하거나 포식자에게서 자신을 보호하는 생존 행위이다.

우리도 그렇다. 밀랍 양초이건 LED초이건 중요치 않다. 중요한 것은 수많은 촛불 역시 암흑 같은 현실을 극복하려는 국민의 몸짓이고, 공감대를 확인하는 소통 수단이며 생존을 위한 실천 행위라는 사실이다. 분노하나 냉정하고 비통하나 노래하는 광화문 광장의 사람들이 들어 올린

작지만 위대한 촛불은 세상 가장 아름답고 숭고한 빛을 발한다.

2016년 한겨울 광화문에 모인 작은 촛불들은 거대한 불빛을 만들었고 전례 없는 변화를 잉태했다. 현실을 극복해야 한다는 절실한 위기감을 서로에게 알리고, 그것이 우리를 보호하는 일이며 보다 나은 내일을 보장할 수 있는 것임을 일깨우는 빛을 발하는 행동이었다. 자발적으로 빛을 밝히고, 그 빛이 공동체를 위한 이타적 행동의 산물이었기에 비통하나 희망의 끈을 놓지 않을 수 있었던 겨울로 기억되지 않을까.

속 력 과 속 도
앞만 보느냐 주변을 살피느냐

빛은 엄청난 속도인 초당 30만 *km*로 달린다. 빛이 지구에서 출발해 달까지 이르는 데에는 1.3초밖에 걸리지 않는다. 1년이 지나면 제자리로 돌아오는 지구의 공전 속도는 30*km*/초이고 자전 속도는 465m/초다. 소리의 속력이 340m/초이니 지구의 자전 속도 역시 매우 빠르다. 그런데도 우리는 이런 속도감을 느끼지 못한다. 자전 운동이 등속 운동이기 때문이다. 고속 엘리베이터를 타면 처음에는 움직임을 느끼지만 조금 지나면 정지된 듯한 느낌을 받는 이치와 같다.

속력과 속도는 어떻게 다를까? 속력(speed)은 이동 방향을 고려하지 않는 스칼라양으로 실제 이동한 전체 거리를 시간으로 나눈 값으로 나타낸다. 즉 방향과 무관하게 물체가 지나간 거리에 기초한 속력은 물체의 빠른 정도를 표현하는 용어라고 이해하면 된다. 그러나 속도(velocity)는 물체의 빠르기를 이동한 방향(변화된 위치)과 함께 나타낸다. 처음 위치와 일정한 시간이 지난 뒤 물체의 최종 위치 간 직선거리를 시간으로 나누어 계산한다. 즉 속도는 속력처럼 크기를 지닐 뿐만 아니라 방향성도 지니는 벡터양으로 정의한다.

스칼라와 벡터는 무엇이 다를까? 스칼라양이란 크기만 있고 방향이 없는 양을 뜻하고 벡터양은 크기와 방향이 있는 양을 뜻한다. 예를 들어 자동차가 60km 거리를 50분 동안 이동한 뒤 10분간 갔던 길 15km를 되돌아왔다고 생각해 보자. 이때 속력은 75km/시간(60분간 총 75km 이동)이고 속도는 45km/시간(60분간 실제 45km 이동)이 된다. 이때 앞엣것은 스칼라양, 뒤엣것은 벡터양이 된다.

광복을 맞은 지 75년이 넘었다. 그간 우리는 놀라운 속력으로 1인당 국민소득 3만 불, 경제 규모 세계 10위권을 이루었다. 그러나 압축적인 경제 발전과 함께 나타난 사회, 환경 문제도 적지 않다. 우리가 등속 운동처럼 행한 개발 중심 정책에 익숙해져 다른 영역에서는 후퇴나 제자리걸음에 둔감해진 측면도 있다. 전진과 후퇴를 반복하는 사회, 환경 영역도 이제는 살펴봐야 한다. 단순한 스칼라양의 속력이 아닌 속도라는 벡터양 시각으로 우리의 성장과 방향을 짚어야 할 때다.

스칼라와 벡터가 다르듯 단순한 양적 성장과 질적 발전 또한 다르다. 75년이란 시간 동안 경제는 빠른 속력으로 질주했다. 그러나 정의로운 부의 분배라는 측면을 고려한다면 이보다 느린 속도로 성장을 이루었다. 사회나 환경 영역은 어떠한가. 경제 분야가 지닌 속도에 한참 못 미치는 진전을 이루었다. 도달하려는 목적지, 즉 이르고자 하는 목표 설정에 균형적 조화가 필요한 시기이다. 세계 10위권에 이르는 경제 규모를 이룬 나라답게 이제는 복지 사회, 안심할 수 있는 환경을 담보할 수 있는 질적인 발전을 모색해야 한다.

기
준

올바른 근거 위에서만 세울 수 있는 깃발

문 밖에 봄이 다다랐다고 매화가 알리자 목련과 산수유가
문을 활짝 열어 봄을 맞이했다. 봄꽃 릴레이 바통이 개나
리와 벚꽃에 이어졌으니 곧 진달래와 철쭉 시기가 오겠다.
봄꽃이 오가는 순서를 판단하고 예상 가능하게 만드는 근
거는 일조 시간과 누적된 온도다. 우리 일상에도 판단이나
선택에 보편적 잣대가 되는 기준들이 있지만 과학과 사회
의 기준은 본질이 다르다.

　과학적 기준의 본질은 절대성이다. 과학은 사실을 증명
하는 행위이므로 보편타당성에 바탕을 둔 객관적 불변성
이 매우 중요하다. 방위는 자오선이 지나는 북극점을 진북
으로 기준 삼아 결정하고, 길이 기준인 1m는 진공 상태에
서 빛이 1/299,792,458초 동안 여행하는 길이로 정의한
다. 시간 기준인 1초는 세슘133 원자에서 방출된 복사선
이 9,192,631,770번 진동하는 기간을, 질량 기준인 1kg은
백금과 이리듐을 9:1로 혼합한 물질을 이용해 높이와 지
름 모두 39.17mm로 만든 직원기둥체(킬로그램원기) 무게를
기준으로 삼는다.

　사회적 기준은 시대에 따라 달라지는 유연성에 본질을
둔다. 주어진 여건과 상황에 따라 준거가 변하기 때문이

다. 환갑잔치를 정점으로 노인을 구분하던 사회적 기준은 사라졌고, 아름다운 얼굴 기준도 달라졌다. 경제적 중산층을 정의하는 잣대는 날로 높아지며, 개인 정보와 사생활 보호가 어디까지여야 하는지에 대한 논쟁은 계속된다.

과학적 기준이라고 해서 절대 변하지 않는 것은 아니다. 다만 사회적 기준과 달리 절대성과 객관성을 강화하는 기술과 개념을 도입하는 방향으로 진화한다. 더욱 정확하고 절대 불변에 가까울 수 있으며 예상 가능한 정향 진화 메커니즘이다. 선택과 판단을 해야 할 영역이 과학이든 사회든 간에 가장 유념할 일은 올바른 기준을 근거로 삼는 일이다. 사회적 기준이 가변적이라고 해서 자기 이익을 좇는 고무줄 잣대를 선택해서는 안 된다.

잣대라 말하는 사회적 기준들. 고무줄 잣대는 불합리한 기준에 대한 완곡한 표현이다. 대부분 갑의 위치에 있는 강자, 권력을 지닌 기득권이 만들고 유무언의 압력으로 이를 적용하려 하기 때문이다. 이중 잣대는 어떠한가. 비열한 기만이고 어두운 곳에서 획책되는 저열한 준

거의 산물이다. 대의 민주주의 선거, 의사 결정을 위한 크고 작은 표결은 잣대가 아닌 공명한 준거에 기초한 올바른 기준으로 선택해야 한다. 건강한 사회가 되려면 사회적 기준도 정향 진화를 이루어야 한다.

바 로 미 터

지향해야 할 기준

부정청탁금지법(김영란법)의 합헌 판결이 나올 무렵 일각에서는 경제가 위축될지 모른다는 말이 많았다. 서민인 나로서는 청탁과 대가성을 판단하는 기준액과 경제적 여파에 대한 논란이 대체 왜 일어나는지 이해하기 어렵지만, 이법의 제정이 비정상적인 금전 거래나 청탁이 우리 사회에얼마나 만연해 왔는지를 환기시키는 바로미터 역할을 한것은 틀림없다.

독가스 탐지 장비나 환기 시설이 없었던 19세기, 석탄광 갱도로 들어가는 광부의 행렬에는 늘 카나리아가 함께 있었다. 십자매, 잉꼬와 함께 3대 사육조인 카나리아는 북아프리카 서쪽 대서양 군도가 원산지다. 청정 지역에서 기원했기에 카나리아는 일산화탄소나 메탄 같은 독가스에 매우 약해 낮은 농도에도 예민하게 반응한다. 석탄을 캐는 과정에서 카나리아가 노래를 멈추거나 횟대에서 떨어지면 광부들은 재빨리 갱도를 탈출했다. 13cm인 작은 카나리아가 독가스 농도를 탐지하는 바로미터 역할을 한 셈이다.

공룡보다 더 오래된 생명체로 살아 있는 화석이라 불리는 투구게의 피는 사람 혈액과 다르게 파란색을 띤다. 혈액 내 산소 운반 단백질체가 헤모글로빈이 아닌 헤모시아닌이기 때문이다. 살아 있는 화석이기에 투구게의 면역 체계와 기능 역시 원시적이고 단순하다. 이들의 면역 기능을 수행하는 혈액의 단백질은 살모넬라균 같은 병원체에 닿으면 바로 굳어 버린다. 그래서 투구게 피를 백신, 정맥 주사액, 의료 기구 같은 생의학 제품이 박테리아에 감염되었는지 검사하는 데에 쓴다. 즉 오염 여부를 가늠하는 바로미터 역할을 한다.

무언가의 수준이나 상태를 평가하는 기준을 말하는 바로미터가 단순히 변화를 감지하는 리트머스지와 다른 점은 균형점(평형점)이 있다는 것이다. 부정적 영향을 감지하는 카나리아나 투구게의 피, 청탁금지법과 같은 바로미터뿐만이 아니라 바람직한 사회 변화의 기준이 되는 바로미터, 균형점으로 구분할 수 있는 긍정 바로미터가 필요하다.

꾸짖음보다는 헤아림이, 질책보다는 격려가 잘못이나 실패를 도약의 기회로 삼게 해 개인을 더욱 성장시킨다. 현실을 긍정적으로 바라보고 이해하는 바로미터를 지닌 사람이 보일 수 있는 덕목이다. 사람이 일생을 살다가 처음 겪는 것 모두는 새로운 경험이요, 도전이다. 그러나 이런 경험이 집단으로 녹아들 때는 선행된 학습 결과로 뒤따르는 이에게 전달될 수 있다. 집단 지성이 어찌 전문 지식 영역에만 있을 수 있나. 사회 규범이나 행동 양식에도 집단의 힘으로 균형점을 보다 선명하게 구분 지을 수 있고 그로부터 긍정의 사회적 바로미터가 공고해진다.

창 의 성
교실보다 자연에서 더 많이 샘솟는다

기술이 발달하면서 원격으로 사진을 촬영해 전송하거나 기록하는 일이 많아지고 있다. 지구를 떠나 돌아오지 않는 우주 탐사선은 태양 전지로 에너지를 생산하고 오랜 기간 영상 자료를 전송한다. 이와 관련해 과학자들에게 주어진 과제 가운데 하나가 먼 거리에 있는 기기에 묻은 먼지나 물을 효과적으로 제거하는 방법을 찾는 일이었다. 자연 건조는 시간이 많이 걸리고 자국이 남아 사진 질과 태양 전지의 효율을 떨어트리기 때문이다.

이 문제를 해결하고자 과학자들은 떨림 현상(진동)에 관심을 갖고 물이나 먼지를 털어 내는 방법을 찾기 시작했다. 미국 조지아공대 연구진은 털이 있는 포유류가 물을 털어 내는 행동 역학을 분석했고, 그 결과 개가 4초 만에 털에 묻은 물의 70%를 털어 낸다는 사실을 밝혔다. 그리고 동물 몸 크기와 진동수 간에 상관성이 작용한다는 사실도 규명했다.

몸집이 작은 푸들은 1초에 6회, 몸집이 큰 래브라도 리트리버는 5회 몸을 흔들었다. 작은 생쥐는 1초에 29회, 보통 쥐는 18회 몸을 흔들었으며, 호랑이나 곰처럼 매우 큰 포유류는 1초에 4회만 흔들면 몸의 물기를 털어 낼 수 있다. 참고로 가정용 세탁기의 초당 탈수 진동수는 보통 17회다. 비슷한 양을 털어 낼 때 몸집이 작은 동물이 몸집이 큰 동물보다 몸을 더 빨리 흔들어야 한다. 즉 동물 몸집이 클수록 진동수가 줄어든다.

특히 개가 물을 털어 내는 행동은 다른 동물에 비해 탁월하다. 이 탁월함은 느슨한 가죽에서 기인한다. 몸을 흔들 때 개의 등뼈는 좌우로 30도씩 회전하지만 느슨한 가죽은 각각 90도씩 회전한다. 이처럼 회전 반경이 3배로 증폭하면 가죽 말단에서 속도가 3배로 빨라지고 원심력은 9

배 증가한다.

　고급 카메라와 화성 탐사선의 렌즈 자동 청소 기능은 이같은 관찰과 분석에서 시작되었다. 자연 현상의 인과 분석을 통한 창의적 응용은 과학을 발전시키고 더욱 나은 미래를 만든다. 창의성은 교실이 아닌 자연에서 더 많이 나온다. 아이들이 자연에 좀 더 가까이 다가설 수 있도록 해주자.

일반적으로 전문 지식, 창의적 사고력, 내적 동기를 창의성의 3요소라 말한다. 이 중 창의적 사고 능력이나 기술을 습득하는 것이 가장 어려운 일인 듯싶다. 누구에게서 배우거나 스스로 지닌 성취욕으로 해결하기 어려우니 말이다. 기존 틀에서 벗어난 사고와 새로운 시각은 교실처럼 정형화된 곳에서 얻기 어렵다. 자유와 개성을 맘껏 발휘할 수 있는 기회가 많아질수록 창의성은 몸집을 키운다. 좀 엉뚱하다 싶은 행동과 생각은 열린 공간에서 보다 많이 샘솟는다.

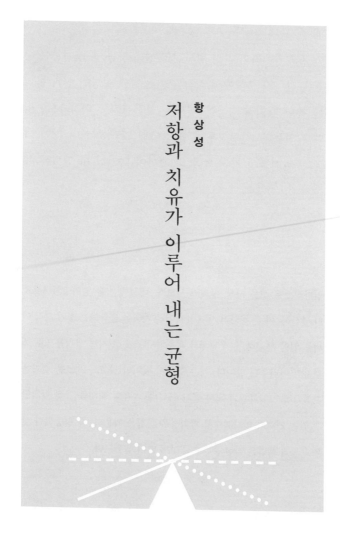

항상성

저항과 치유가 이루어 내는 균형

어느 해건 8월 마지막 요일은 그해 11월 마지막 요일과 항상 같고, 1년이 365일인 평년에는 2월과 11월은 같은 요일로 시작한다. 이런 것이 오묘한 우주의 섭리인지 모른다. 우연인 듯하나 나름의 방향성과 일정한 규칙이 있는 이런 힘은 자연 생태계에서도 찾아볼 수 있다. 그 힘은 어디서 오는 것일까?

생태계는 각 요소가 끊임없이 변화하는 동적 시스템이다. 그런데도 생태계가 급변하지 않는 정적 체제로 보이는 것은 항상성 때문이다. 생태계 항상성은 내부와 외부에서 오는 일시적 교란이나 영향을 받을 때 원래 지닌 평형 상태를 유지하거나 원래 상태로 되돌아가려는 기능 또는 능력을 뜻한다. 항상성에는 회복력과 저항력이라는 두 가지 기작이 관여한다.

회복력(resilience)이란 교란이 일어난 뒤 교란 이전 상태로 생태계가 되돌아오려는 힘 또는 속도를 뜻하고, 저항력(resistance)은 어떤 영향에 맞서 고유한 생태적 기능과 구조를 유지하려는 힘을 말한다. 생태계에는 외부 영향(교란)이 시스템 안정(평형 상태)을 깨뜨리지 못하도록 하는 저항력이 마치 면역 체계처럼 작용하고, 교란이 임계점을 넘어서면 회복력이 작동한다.

대개 기후 환경이 좋은 생태계는 저항력이 높고 회복력이 낮은 반면, 나쁜 환경에서는 반대인 편이다. 동적으로 약한 생태계(열대 우림)는 변화가 거의 없는 환경에서는 복잡한 구성 요소를 유지하려는 힘이 강하지만 외부 교란에 맞서는 저항력은 매우 약하다. 이와 달리 물리적, 환경적 변화에 대한 내성이 큰 생태계는 동적으로 강하다. 연중 계절 변화가 심한 우리나라가 그렇다.

아마도 이런 생태 특성은 우리나라 국민 성향에도 영향을 주었으리라. 알게 모르게 체화되었을 저항력과 회복력. 우리 사회의 항상성이 위협받을 때, 우리에게 필요한 기작은 무엇일지 생각해 본다.

늘 같은 상태를 유지하려면 되먹임 작용이 있어야 한다. 일정한 속도를 유지하려면 가속과 감속 장치가 함께 있어야 하는데 이때 감속 장치가 음(-)의 되먹임 작용을, 가속 장치는 양(+)의 되먹임 작용을 수행한다. 동물 집단이 주어진 환경에서 적정한 개체 수를 유지하는 데

에도 같은 원리가 작동한다. 먹이 자원이 풍부하면 생식력이 증가해 새끼를 많이 낳지만 먹잇감이 부족해 종내 경쟁압이 높아지면 출산율이 낮아진다. 이런 기본적인 조절 기능이 여러 종의 집합체에서 나타나 생태계의 복잡한 저항력과 회복력을 구성한다. 사회 항상성을 유지하는 저항력과 회복력도 구성원들이 지닌 자기조절능력에 기초하니 구성원들이 지닌 건전한 사고방식이 중요하다.

경쟁

물고 뜯기만 하는 게임이 아니다

찬 이슬과 소슬바람을 견뎌야 하는 11월은 수많은 생물이 경쟁을 강요받는 힘든 시기다. 야생에서는 눈이 오기 전에 겨울나기를 위한 먹이와 보금자리를 확보하려는 분주한 경쟁이 절정에 이른다. 늘 남들과 경쟁을 강요당하는 우리네 삶도 그리 다르지 않다.

동일한 종내 경쟁 가운데 가장 흔하게 나타나는 것이 먹이를 얻으려는 원초적인 경쟁이다. 생존 본능을 충족하려는 개체 간 먹이 경쟁은 모든 생물종에서 일어난다. 심한 경우 물리적으로 충돌해 서로에게 치명상을 입히기도 한다. 결국 승자가 자원을 독식하는 이런 경쟁 관계를 대결 경쟁(contest competition) 또는 간섭 경쟁(interference competition)이라 한다.

이와는 달리 심각하거나 물리적인 충돌 없이 자원을 누가 더 효율적으로 이용하는가에 무게 중심을 둔 경쟁 구도도 있다. 분산 경쟁(scramble competition) 또는 이용 경쟁(exploitation competition)으로, 승자 독식이 아니라 모두가 자원을 나누어 가지며 양에서 조금씩 차이가 나는 경쟁 관계를 말한다. 보통 대결 경쟁과 분산 경쟁이라는 용어를 상대적인 개념으로 사용하며, 특히 경쟁의 영향(결과) 측면에서 비교 개념으로 쓴다.

경쟁을 피할 수 없다면 우리 사회가 추구해야 할 경쟁 형태는 어떠한 것이어야 할까? 경쟁에서 승자의 위치에 오른 이가 모든 것을 독식하는 시스템, 대결 경쟁이 일반화되는 사회, 1등만 기억하는 세상만큼은 피해야 할 듯하다. 피할 수 없으면 즐기라는 말보다 사회 시스템을 과감히 개선해 분산 경쟁이 가능한 세상을 만들어 가야 한다.

삶의 어느 순간에 경쟁이 있는 것이 아니라 일상이 경쟁 구도에 갇혀 버린 시대이다. 젊은이들에게 인생 처음 겪는 가장 큰 경쟁 무대는 아마도 대학 입학시험일 것이다. 심한 경쟁 구도 속에서 수능이라는 시험대를 통과하고 나면 이후 취업이라는 치열한 경쟁 허들을 다시 뛰어넘어야 한다. 인구는 감소하는데 경쟁은 더 심화되고 있는 사회 현상을 해결해야 할 시점이다. 경쟁을 이완시키는 지혜와 노력이 더 필요하다. 사회는 물고 뜯는 정글이 아닌데 해마다 반복되는 대입 시험 일이 오면 왜 이리도 떨리는지.

갈 등
자연에서는 일어날 일이 아니건만

갈등이란 정신적 세계에서 각기 상충되는 방향의 두 힘이 충돌하는 현상을 말한다. 해결책이 나오지 않는 어려운 상태가 지속되면 힘겨루기는 고통을 잉태한다. 사회적 동물에게 개체 간 갈등은 주기적으로 반복되나 이를 극복하면 사회 시스템을 유지하는 질서나 기준을 정립할 수 있다. 그러기에 갈등이 반드시 소모적이라고만 보기 어렵다.

갈등이란 칡을 의미하는 '갈'과 등나무의 '등'자가 합쳐진 단어로 사정이 서로 복잡하게 뒤얽혀 화합하지 못한다는 뜻이다. 이 두 식물은 숲 가장자리를 감싸는 망토 군락의 주된 구성원으로서 여러해살이 콩과 덩굴식물에 속하는 먼 친척지간이다. 줄기가 스스로 곧게 서지 못하고 지면을 기어가다 의지할 데가 생기면 기대어 타고 오르는 공통점이 있으나, 칡은 왼쪽으로 감고 등나무는 오른쪽, 왼쪽을 가리지 않고 감고 올라간다.

감는 형태가 다른 것처럼 서식 환경도 다르다. 칡은 우리나라, 만주, 일본의 냉온대 지역에서 넓게 서식하나, 등나무는 따뜻한 난온대 지역에 분포한다. 그리고 미소 서식 환경에서도 약간 차이가 있어 자연에서 이들이 만나 '갈등'을 일으킬 확률은 낮다. 따라서 자연적인 갈등은 서로의 세력이 겹쳐 우위를 점해야 할 극단적인 상황에서만 발생한다.

이처럼 극단적인 경우 생기는 갈등을 해결하거나 방지하려면 서로의 세력권을 일정 부분씩 양보해 완충역을 확보하는 수밖에 없다. 어찌 보면 갈등이란 이해가 상충되는 것을 의미하기보다는 해결이 어렵다는 것에 무게를 둔 비유인지 모르겠다. 오르고자 감는 방향이 이따금 서로 다른 '갈'과 '등'이 엉키면 이를 푸는 것이 매우 어렵기 때문이다.

앞서 알파고와 이세돌 9단의 바둑 대결을 과학적 관점으로 언급했지만 실상 이 9단의 패배가 아쉬운 것을 떠나 뭔가 형용하기 어려운 불편한 마음과 찜찜함이 아직도 여전하다. 기계적 논리만으로 무장한 인공지능이 감성적 직관력을 지닌 우리에게 도전장을 내미는 일이 늘어날 것이고, 어느 순간 이들이 인류의 한계를 넘어 우리 삶을 지배할지도 모른다는 우려가 피부로 느껴졌기 때문이다. 단순하게 생각했던 인공지능의 허를 찌르는 거침없는 도전에 심적 갈등이 인다. 한편으로 사회는 여러 현안으로 얽히고설켜 소모적 갈등이 비등하다. 이에 비하면 알파고가 준 심적 갈등은 생산적이랄까. 우리로 하여금 미래를 생각하게 하는 긍정적 울림을 남겼으니 말이다.

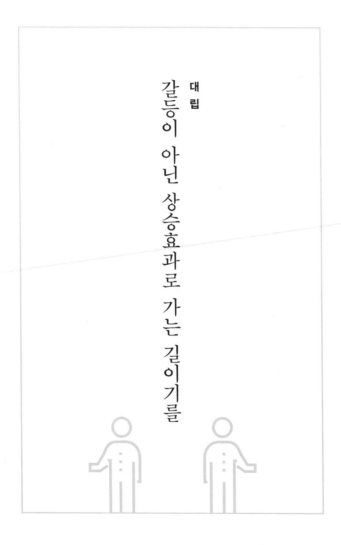

대립

갈등이 아닌 상승효과로 가는 길이기를

2018년 여름은 몹시 더웠다. 서울은 39.6℃로 최고 기온을 갱신했고 31일의 최다 폭염 일수를 기록했다. 2020년 여름은 54일이라는 최장 기간의 장마를 한반도에 드리웠다. 엘 고어 전 미국 부통령이 언급한 "불편한 진실"이 우리 주변에 현실적으로 나타나 일상에 직접적인 영향을 미치는 듯하다. 기후 변화의 위기가 내 집 문 앞에 버티고 서 있는 형국이다. 지구 온도 상승의 주된 요인이 인류의 과도한 화석 연료 사용이라면 우리는 이를 정말 완화시킬 수 있는 것일까.

수많은 정책 입안자, 환경 운동가, 과학자가 기후 변화에 따른 영향과 위기를 주장한다. 미국 농무부 장관 자문관을 역임한 환경 운동가 레스터 브라운은 그의 저서 『플랜B 3.0』에서 지금 지구가 처한 에너지 및 기후 변화 위기를 전시 동원 체제가 필요한 상황으로 규정했고, 이런 기조가 기후 변화 위기를 주장하는 사람들의 상황 인식이다. 그들은 인류가 과도하게 화석 연료를 사용해 이산화탄소 농도가 증가했고 그로 말미암아 전 지구적 기후 변화가 되돌릴 수 없는 상태에 이르렀으며, 이 위기를 극복할 시간이 얼마 남지 않았다고 본다.

이와 상반된 주장도 있다. 일부 과학자는 간빙기인 지금 지구 온도 상승은 당연한 현상이며, 기후 모델이 알려진 것보다 훨씬 부정확하다는 점을 지적한다. 덴마크 환경통계학자이자 『회의적 환경주의자』를 쓴 비외른 롬보르는 그의 다른 책 『쿨잇(cool it)』에서 이런 견해를 지지한다. 롬보르는 북극곰 개체 수 증가 현상, 과장된 해수면 상승 영향, 부풀려진 홍수 및 가뭄 피해를 언급하면서, 따뜻한 기후대 확대와 농업 생산량 증가처럼 온난화의 유익한 점도 함께 설명했다. 또한 천문학적 예산을 기후 정책에 집중하는 것은 급선무가 아니며, 기아와 질병 같은 시급한 문제를 해결하는 데에 쓰면 더 저렴한 비용으로 고통받는 이들을 구제할 가능성이 높다고 주장한다.

이처럼 기후 변화를 둘러싼 주장과 이해는 서로 다르다. 지금 우리에게 필요한 것은 특정 사안을 바라보는 더욱 균형 잡힌 사고 감각, 나와 다른 의견에서 공통분모를 찾으려는 노력이다. 그리한다면 대립하는 사고가 만나는 곳에서는 갈등이 아닌 상승효과가 샘솟으리라.

노년층과 사회적 취약 계층에 대한 복지 및 보건 정책 강화라는 롬보르의 철학은 브라운의 기후 변화 적응 정책과 일맥상통한다. 이렇듯 상반된 기조의 대립에도 공통적 정책 기조를 찾아볼 수 있다. 한쪽으로 치우치지 않는 균형적인 이해와 조화로운 정책 철학이 불확실성이 높아지는 기후 변화에 대응하는 능력을 향상시킨다. 기술적인 측면에서도 마찬가지이다. 예상을 뛰어넘는 규모의 폭염과 강수에 대비하려면 기존의 공학적 개념에 경도된 이치수 정책을 다시 살펴야 한다. 상수도 효율성을 고도화하고 홍수와 함께하는 삶에 대비하는 국외 정책 사례를 살펴 더욱 안전하고 지속적인 기술 정책을 마련해야 한다.

폭 발

등을 맞댄 잔인함과 아름다움

2015년 중국 톈진항에서는 사상 최악의 물류 창고 폭발 사고가 있었고 2020년에는 레바논의 베이루트항에서도 초대형 폭발 사고가 발생했다. 그런가 하면 세계 곳곳에선 기념일이나 경축 행사에 폭죽을 이용한 불꽃 축제가 열리기도 했다. 종이, 인쇄술, 나침반과 함께 고대 중국 4대 발명품이라 평가받는 화약은 인류에 상처와 기쁨을 동시에 안겨 주는 양면성을 지닌다.

폭발은 대부분 산소가 관여해 급속히 이루어지는 화학 반응을 말한다. 이 반응에 관여하는 물체의 용적이 급증하면서 빛, 충격파, 연기 등이 발생한다. 불로장생 단약을 만드는 과정에서 우연히 생겼다는 화약은 고체 또는 액체로된 폭발성 물질이다. 이런 물질이 담긴 물체에 충격이나열을 가하면 순간적으로 기체화되면서 많은 열과 함께 에너지가 방출된다. 즉 화약이 만드는 에너지는 폭발성 물질이 기체로 변하며 나타나는 팽창력이라 할 수 있다. 이 물리적 힘이 로켓을 추진하거나 물질을 감싼 외형물을 파괴한다.

이런 특성이 무기에 이용된 것은 당연한 일인시도 모르겠다. 몇 해 전 북한이 매설해 부상자를 냈던 목함 지뢰는구 소련이 개발한 대인 지뢰로 나무상자에 TNT를 넣어만든 폭발성 무기다. 1863년 독일인 빌브란트가 톨루엔을변형해 만든 TNT에 폭약을 점화하는 장치인 신관을 넣어압력이나 끈으로 격발 장치를 작동시키면 반경 약 2m에피해를 입힌다.

화약과 폭발이 이롭게 쓰이는 경우도 있다. 바로 폭죽놀이와 불꽃놀이다. 두 놀이에는 화약류 가운데 가장 오래된흑색 화약을 쓴다. 이 화약은 목탄이 주를 이루어 검은색을 띠며 불이 잘 붙고 불꽃이 길다. 여기에 연소 때 다양한 색깔을 내는 물질을 첨가해 밤하늘을 아름답게 물들인다. 노란색은 나트륨이나 바륨, 빨간색은 리튬, 보라색은 칼륨이 연소할 때 내는 불꽃 반응을 이용한 것이다.

폭발하는 것이 어찌 살상용 무기와 폭죽뿐이겠나. 살다 보면 우리 감정도 폭발한다. 울화라는 마음속 화약을 제어하려면 연소에 필요한 산소와 충격을 잘 다스려야 한다. 깊게 호흡하며 숨을 고르고 여유를 가지며 마음의 안전핀을 챙기도록 하자.

⬤

감정이 폭발하면 분노는 터진다. 살다 보면 이런 경우를 겪게 된다. 고매할 것만 같은 시인도 운전대를 잡으면 야수로 돌변한다는 우스갯소리가 회자되는 세상이니 감정 다스리는 것이 용이치 않은가 보다. 세상 모든 현상에는 필요충분조건이 있으니 폭발하는 것에는 폭발성 물질과 산소와 충격이 이에 해당한다. 마음속 화약고의 압력이 높아지는 듯하다면 연소에 필요한 감정이라는 산소를 조절하는 긴 호흡과 심적 충격을 제어하는 자제심과 여유를 챙겨야 한다.

보 존 과 보 전
같은 마음, 다른 방식

메르스나 코로나 등 유행성 질환으로 세상에 불안감이 엄습하는 시기에는 치명률(치사율)과 사망률이란 용어가 언론에 자주 등장하나, 간혹 잘못된 이해와 사용으로 혼란을 초래하기도 한다. 사망률이란 보통 인구 1,000명당 연간 사망자 수로 나타낸다. 즉 사망률 40은 천분율(1,000명 당 40명)을 의미한다. 백분율로 나타내는 치명률로는 4%에 해당된다. 용어의 올바른 사용이 사회적 불안감을 낮추고 안정성을 높일 수 있다.

평상시 자주 쓰면서도 정확한 의미를 모르고 혼용하는

대표적인 예가 바로 보존(preservation)과 보전(conservation)이다. 둘은 어떻게 다른가? 환경에 관심이 있는 사람이라면 한번쯤 품었을 의문이다. 의사소통하는 데에 용어를 올바르게 이해하는 일은 매우 중요하다. 2008년, 우리는 남대문을 잃었다. 남대문 전소는 보존 실패인가, 보전 실패인가? 둘 다 일 수 있겠으나 우선적으로는 보존 실패라고 답하는 것이 타당할 듯싶다.

남대문을 완벽하게 '보존'하려면 대형 유리관을 씌워 사람의 접근과 비바람을 막고, 첨단 시설을 동원해 오염된 대기나 빛에 따른 산화나 탈색을 방지하며 원형을 간직해야 한다. 그렇다면 남대문을 '보전'하려면 어떻게 해야 하는가? 남대문 본래 기능과 국보로서 가치를 함께 유지해야 한다. 어린이들이 옛 사람들처럼 남대문을 지나가 볼 수 있게 하고 망루에 올라 원래 남대문 역할을 상상하고 체험토록 하며, 보수가 필요하면 과거 기록에 적힌 재료와 기법을 활용해 유지, 보수한다. 이를 통해 남대문의 기능과 가치를 느끼는 동시에 이를 보호하는 것이다.

이처럼 보존은 대상의 구조적 특징을 있는 그대로 존속시키고자 보호하는 것이다. 즉 남기는 기작에 중심을 둔 용어라 할 수 있다. 이에 반해 보전은 기능적 특징을 보호하는 데에 무게를 두고 유지함으로써 대상의 고유한 역할 또는 무형 가치를 지켜 나가는 것을 뜻한다. 그러므로 기능적 의미가 강한 생물다양성이라는 용어에는 보전을, 이를 구성하는 생물종에게는 보존을 쓰는 것이 올바르다.

유사한 목적이나 동일한 목표를 지녀도 이에 이르는 수단이나 방법이 다를 수 있다. 언어 해석에서 이런 현상이 종종 일어난다. 'Sustainable Development'를 해석할 때 '지속 가능한 개발'이라 옮기는 것은 번역상으로는 옳으나 의미 해석상으로는 오류에 해당한다. 개발을 어찌 지속 가능하게 할 수 있나. '지속 가능한 발전'이라고 해석하는 것이 올바르다. 동일 단어 다른 해석 역시 경계해야 할 일이다.

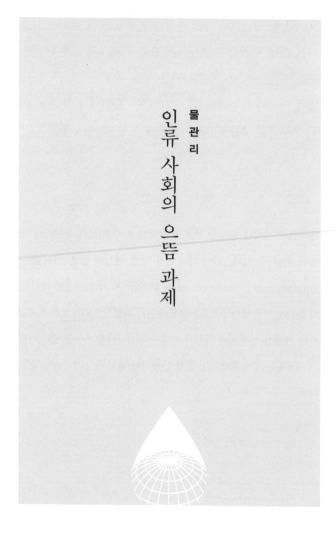

물 관리

인류 사회의 으뜸 과제

환경부는 미세 먼지, 가뭄, 녹조, 지반 침하, 악취 등 5대 환경 난제를 해결해 국가 발전을 뒷받침하겠다고 발표한 바 있다. 이 환경 난제들을 보니 마시는 것이 문제인 시대에 살고 있구나 싶다. 늘 들이마시고 내쉬는 공기 문제가 두 가지(미세 먼지와 악취)이고 생명을 유지하려면 마셔야 하는 물과 직결된 문제가 두 가지(가뭄과 녹조), 나머지 한 가지(지반 침하)는 물과 직간접적으로 연관되니 말이다. 선택이 아닌 필수 환경 요인이 난제라니, 위태로운 삶이다.

물과 삶에 대한 고찰만큼이나 오랜 철학 주제가 있을까? 고대 철학자 탈레스가 주장한 '만물의 근원은 물'이라는 일원설과 아리스토텔레스가 '만물의 근원은 땅, 물, 공기, 불'이라 설명한 사원설에서 시작해, 근대 과학자 오파린의 '코아세르베이트' 가설과 이를 입증한 밀러의 '유기물 합성' 실험 성공에 이르기까지 많은 사람이 '물은 생명의 근원'이라는 명제 규명에 매달렸다. 철학과 과학이 함께 매진한 결과, 생명 탄생과 삶의 근간이 물이라는 명제는 참으로 증명되었다.

이렇듯 인류는 물과 불가분의 관계로 물의 소중함을 본능적으로 알았으며, 문명 태동 이후 모든 국가의 가장 으뜸 과제 또한 물을 잘 다스리는 것이었다. 인류 4대 문명 발상지가 모두 강가이고, 생존의 근간은 식량 생산과 물 공급이었기에 최고 권력자의 물관리 능력은 곧 국가 통치 능력이었다.

역사의 반복성 때문인가, 현명한 물관리가 5대 환경 난제 중 세 가지를 해결할 실마리를 쥐고 있으니 물관리 능력이 국정 운영 능력과 직결되는 시대가 다시 도래한 듯하다. 극심한 기후 변화 양상 탓에 장마 기간을 예보하지 못하는 것도 그렇지만 강우나 태풍 진로 예측도 빗나가니, 물관리와 직결된 빗물은 여전히 꾸어다 놓은 보릿자루 모양새다. 현명한 물관리는 물 순환의 시작인 빗물 관리, 바다에 이르는 강의 자연스런 물 흐름 복원에서부터 시작되는데 말이다.

2016년 부처 업무 보고에서 언급되었던 5대 환경 난제. 시간이 흘렀으나 크게 개선되거나 바뀐 것은 없어 보인다. 환경 문제가 쉽게 풀리지 않는 것은 환경이 지닌 복잡성 때문이다. 조급함을 경계하고 긴 호흡으로 꾸준히 개선하며 풀어 나가야 한다. 『논어』 옹야편에 "물을 좋아하는 사람은 지혜롭고, 행동하며, 즐겁게 산다"는 구절이 나온다. 하던 일 잠시 멈추고, 시원한 물 한잔과 함께 물의 의미와 물 문제를 한번 새겨봄이 어떨까.

친 화 력

우리가 중심을
잃지 않도록 하는 힘

과학은 사실에 근거해 어떤 현상을 논리에 맞게 설명하는 학문이다. 우리가 궁금해하는 현상은 원인과 결과를 규명함으로써 과학적 해석이 가능해진다. 이 과정에서 '힘'을 의미하는 다양한 용어가 등장한다. 지구력, 저항력, 원심력, 구심력 등이 아마도 귀에 익은 단어일 것이다. 이와 같은 용어는 물리 현상을 설명하는 데에 쓰기도 하고 생물, 화학 현상을 해석하는 데에 쓰기도 한다. 그중 친화력이라는 용어는 물리화학적 관계뿐 아니라 사회 현상도 설명하는 가장 의미가 폭넓은 낱말일 듯하다.

컴퓨터나 전자 기기처럼 놀 거리가 흔치 않았던 1960~ 1970년대에는 골목 문화가 있었다. 또래 아이들은 방과 후 동네 골목에서 여러 놀이를 함께하며 사회성을 절로 익혔다. 골목대장을 위시한 위계질서의 엄중함을 겪는 일이 입문 과정이었다.

그 당시 함께했던 놀이는 대부분 물리적인 힘을 이용한 놀이였다. 팽이치기, 구슬치기, 딱지치기가 그랬다. 땅과 얼음판 등 어디서나 즐길 수 있었던 팽이치기는 원심력과 구심력을 잘 보여 주는 놀이다. 원운동을 하는 물체가 지닌 힘을 이미 어린 시절에 학습했던 셈이다. 일정한 궤도 안에서 회전하는 물체에는 반드시 중심이 있다. 이 경우 힘은 원의 중심으로 끌어당기는 작용을 하며 이것이 바로 구심력이다. 또한 운동하는 물체는 계속 움직이려는 관성이 있으며 원운동에서는 이것이 원심력으로 설명된다. 이는 구심력과 크기가 같지만 반대 방향으로 작용하는 가상 힘이다.

중심으로 끌어당기는 구심력과 반대 방향으로 벗어나려는 원심력이 힘의 균형을 이룰 때 팽이는 쉬지 않고 돈다. 원심력을 유지하고자 줄팽이는 순간 힘을 이용해 힘차게

줄을 풀어야 하고 얼음 팽이는 채찍을 가해야 한다. 원심력이 약해져 구심력과 평형이 깨지면 팽이는 동심원을 그리며 쓰러진다. 중심이 있어 회전운동을 하지만 중심을 향하는 실질적 힘인 구심력만으로 운동성을 유지할 수 없다. 이를 견제하고 긴장감을 주는 가상 힘이 있기에 팽이는 멈추거나 넘어지지 않고 중심을 유지한다.

골목 문화가 있던 그 시절, 가난했지만 불우하다 느끼지 않도록 해 준 힘은 무엇이었을까? 아마도 또래 집단에서 서로에게 느꼈던 친화력이었을 것이다. 새가 양 날개로 날듯 사회도 보수와 진보라는 두 사고의 건전한 양립을 통해 발전한다. 대립하는 관계가 항상 소모적인 것은 아니다. 구심력과 원심력의 양립을 허용하는 최소한의 친화력이야말로 사회라는 팽이가 중심을 잃지 않으면서 역동성을 유지하게 하는 힘일 것이다.

마당을 가로질러 쳐진 빨랫줄도 그렇다. 서로 반대 방향으로 팽팽하게 당겨 고정해야 물에 젖어 무거운 빨래를 널 수 있다. 팽팽하게 연결

된 2개 점만으로는 때로 무거운 빨랫감을 지켜 내지 못한다. 그래서 중간에 빨랫줄 지지대를 세운다. 팽팽히 힘 겨루던 양 끝 두 점이 만나 친화력을 보이는 지점이기도 하다. 극단의 사고가 양립할 수 있는 사회가 건강성을 유지하고 때로는 긴장하며 발전한다. 양립하는 두 지점 중간 어디쯤에 친화력이라는 지지대를 하나쯤 세워 둔 사회가 바로 성숙한 사회이다.

생태계 가치

어찌 값을 매길 수 있으랴

최근 들어 개발을 둘러싼 갈등 사례가 늘면서 자연의 기능이나 가치를 금전적으로 계산하려는 경우가 있다. 습지나 갯벌의 가치가 얼마로 추정된다는 기사도 이따금 접한다. 비용과 편익을 분석하면서 생태계 서비스 가치를 돈으로 환산해 개발에 따른 영향을 수치화하려는 노력은 제한적이기는 하나 갈등을 해결하려는 노력으로 볼 수 있다.

그러나 이런 접근 방식에는 근본적인 문제와 한계가 있다는 점을 먼저 알아야 한다. 가치는 시장 기능에 따른 객관적인 평가 시스템으로 결정된다. 그러나 생물다양성과 생태계에서 얻는 공공재와 서비스 대부분은 이를 팔고 사는 시장이 없으므로 가치를 가격으로 매길 수 없다. 또한 자연 자원을 유지하고 보존하려는 민간의 재투자는 거의 없으며, 오염을 유발하는 측은 대부분 다른 이들이 입은 손실에 대한 비용을 지불하지 않는다. 그러므로 자연 가치에 단순한 경제 논리를 적용하는 일은 무의미하다.

무엇보다 생태계에서 얻는 이익이나 개발에 따른 손실을 가격으로 책정하기에는 생태계에 관해 우리가 아는 정보가 매우 부족하다. 다시 말해 어느 정도 생태계 서비스를 평가할 수는 있으나 우리가 여전히 알지 못하는 이익과 평가 불가능한 요소가 많으므로 본질적으로 이런 계산은 제한적일 수밖에 없다. 또 다른 한계점은 미래 세대를 위해 자연을 보전해서 얻는 이익은 전 지구적이지만, 여기에 드는 투자 비용은 지역적이고 보상이 쉽지 않아 계산할 수 없다는 점이다.

경제 관점에 따른 제한적인 가치 추정이 생태계 가치의 전부인 양 치부되는 일은 매우 불편하다. 이는 죽었을 때 지급받는 생명 보험액으로 그 사람의 가치를 따질 수 없는 것과 같은 이치다. 사람과 마찬가지로 지구에 있는 모든 것과 이를 보듬는 자연은 재화의 성격으로 따질 수 없는 가치가 있으며, 때로는 무한 가치로 평가될 수 있다는 것을 우리는 받아들여야 한다.

지구의 가격은 얼마인가. 계산 불가이거나 그러한 접근 방식 자체가 비상식적이다. 이를 거래할 시장 기능이 없기도 하지만 가치 자체가 무한이기에 그러하다. 바다를 화폐 가치로 환산할 수 없음도 같은 이유다. 그런데 바다의 가장자리에는 값을 매긴다. 이는 갯벌이나 해안

이 인간의 개발 욕구가 미치는 최전선이기 때문이다. 돈으로 해결할 수 없는 우리 사회의 많은 일을 '얼마'라는 보상 개념으로 풀어 보려는 것은 우리가 경계해야 할 물질주의 욕망의 또 다른 단면임을 인식해야 한다. 지불하는 보험료로 그 사람의 가치가 결정되지 않는다.